잘 살아라
그게 최고의 복수다

잘 살아라
그게 최고의 복수다

권민창 지음

가장 나다운,
행복한 인생을 살기 위한
삶의 지침서

저자 소개

권민창

자존감, 동기부여, 인간관계 등 삶 전반의 다양한 문제들에 대한 해결책을 글로 풀어쓴다. 일주일에 300만 명 이상의 사람들이 그의 글을 읽고 많은 공감과 힘을 얻는다.

어제보다 나은 오늘, 오늘보다 나은 내일을 살기 위해 매일매일 꾸준히 노력한다.

프롤로그

인생을 살다보면 다양한 고민과 힘듦에 부딪히게 된다. 누군가는 인간관계에서 그런 고민을 갖는다. '저 사람이 나를 싫어하면 어떡하지?' '내가 어떤 말을 해야 저 사람이 나를 좋아할까?' 라며, 삶의 중심이 자신이 아닌 상대방에게 있는 경우나, '그래도 오래 만났으니까, 어떻게든 관계를 유지해야겠지?' 라며 불편한 관계를 애써 유지하려고 자신의 에너지나 시간을 소비하는 경우다.

또 누군가는 돈에서 그런 고민을 갖는다. '어떻게 부자가될 수 있을까?' '나는 어떻게 하면 좋아하는 일을 하며 큰 돈을 벌 수 있을까?'라며 부자가 되기 위한 긍정적인 고민을 하는 사람도 있지만, 반대로 '나 따위가 무슨 부자야. 그냥 생긴 대로 살자.'라며, 자신의 한계를 명확히 긋는 사람들도 있다.

또 다른 누군가는 인생 전반에서 그런 고민을 하곤 한다. 어떻게 살아야 할지, 내가 진정으로 하고 싶은 일은 뭔지, 그리고 어떤 목표를 세우고 나아가야하는지, 이런 다양한 부분에 대한 고민들로 괴로워하고 힘들어한다.

힘들게 살아가지만, 결코 포기하지는 않는. 누군가가 좋은 조언을 하거나 해결책을 제시해주면 그 조언과 해결책을 스펀지처럼 흡수해 자신의 인생에 적용하고 발전할 준비가 될 잠재력이 충만한 사람들을 위해 SNS에 약 5년간 인생 전반에 대한 다양한 고민들을 다루고, 그 고민들에 대한 해결책을 계속해서 적어나갔다. 처음에는 철저히 내 가치관을 담았지만, 시간이 지나고 많은 사람들이 공감해주면서 '사람들이 진짜로 원하는 건 뭘까?'라는 고민을 하며 콘텐츠를 만들었다. 지금 현재 내 계정은 일주일에 약 300만 명 정도가 방문해서 자신들의 힘든 점을 털어놓고, 또 글을 보며 공감하고 위로를 얻고 힘을 얻는다. 그리고 그런 사람들을 보며 나도 훨씬 더 진실 되고 도움 되는 글을 적어야겠다는 다짐을 한다. 이 책은 그런, 인생 전반의 다양한 고민들을 갖고 힘들게 살아가는 사람들을 위해, 그 고민들을 해결하기 위한 방법들을 담은 '인생 공략집'이다. 다양한 경우에서 내가 어떻게 하면 좀 더 편한 마음가짐으로 그런 힘든 상황들을 능히 헤쳐 나갈 수 있는지에 대해 중점적으로 다뤘다.

부디 이 책을 읽는 많은 사람들이 이 책을 읽음으로써, 자신의 고민을 명쾌하게 해결하고 더 나은 인생을 살기를 진심으로 바란다.

목차

1장 I 인간관계

2장 I 성공

3장 | 마인드셋

4장 | 인생

5장 I 처세

1장

인간관계

명심하자.
좋은 관계는 서로의 배려와 존중 속에서 만들어진다.

1
관계를 한 번에 끊어내는 사람들이
오히려 정이 많은 3가지 이유

관계를 칼 같이 끊어내는 사람들을 주변에서 볼 수 있다. '어떻게 저렇게 칼 같이 끊어낼 수 있지? ' 라는 생각이 들 정도로 냉정한 사람들이다. 하지만 이들이 그런 관계를 한 번에 끊어내는 이유는 3가지가 있다.

❶ 이미 많이 기다렸다.

주변에 칼 같이 관계를 끊어내는 사람들을 보면 그게 결코 한 순간에 이루어지진 않는다. 이런 사람들은 상대방은 모르는 본인만의 게이지가 있다. 만약 상대방이 그 게이지를 계속해서 건드리면 앞에서는 티를 내지 않더라도 그 게이지가 계속해서 상승한다. 그리고 마침내 상대방이 확실하게 선을 넘었다 싶을 때 뒤도 안 돌아보고 차갑게 돌아서는 것이다. 누군가는 그렇게 얘기할 수도 있다. '아니, 그럼 신호를 줘야지. 왜 신호도 안 주고 자기 혼자 참고, 자기 혼자 정리하나.'라고. 하지만 지극히 기본적인 것도 못 지키는 사람들에게 줄 신호는 없다. 누군가에게 갑자기 손절 당했다면 섭섭함을 느끼고 그 사람을 원망하기보다, 내 행동과 말에 문제는 없었는지 돌아보자.

❷ 더 이상 다치기 싫다.

이런 사람들은 사람들에게 많이 데이고 다쳤다. 정이 많아 상대방에게 모든 걸 다 내어줬는데 상대방은 나를 그저 이용만 하거나, 그 호의나 정을 당연하게 생각하는 경우. 그럼에도 불구하고 오래 알고 지냈으니 계속해서 연락을 이어가려 했지만 그러면서 더 상처를 받게 된다. 그러다보니 독한 마음을 갖고 자신을 지키기 위해 한 번에 끊어내는 것이다. 나만 애쓰는 관계가 지속되면 더 힘들어지고 지칠 걸 너무나 잘 알기에. 그래서 이 사람들은 본인을 보호하기 위한 수단으로 관계를 끊어낸다.

❸ 관계에서 스트레스를 많이 받는다.

너무 많은 관계에서 최선을 다하고 진심을 다하다보니, 어떤 사람들을 만나든 먼저 준다. 그게 물질적이든. 감정적이든. 바라지 않고 주더라도 그런 것들이 쌓이고 쌓이면 본인이 스트레스를 스스로 받게 된다. 그리고 그런 관계가 많아지면 스스로를 지키기 힘들어진다. 이미 지켜야 하는 관계, 줘야 하는 관계들이 너무 많은데 거기서 또 스트레스까지 받는 게 너무 힘드니 그렇게 관계를 한 순간에 정리하는 것.

관계를 한 번에 끊어내는 사람이 냉정하다고, 너무 섭섭하다고 툴툴거리기 전에 내가 그 사람에게 지금까지 했던 행동들을 돌이켜봤으면 좋겠다. 나도 모르는 사이, 그 사람에게 무례했거나 상처를 주는 말과 행동을 하지는 않았는지. 명심하자. 좋은 관계는 서로의 배려와 존중 속에서 만들어진다.

2
상대방에게 기대하면
절대 안 되는 이유

관계에 있어 상대방에게 기대하면 안 된다라는 말을 많이 들어봤을 것이다. 하지만 마음 같이 잘 안 되고 계속해서 기대하고 실망하게 된다. 그럼에도 불구하고 우리가, '계속해서 기대하지 말자.'라는 마인드셋을 심어야 하는 이유는 아래와 같다.

❶ 관계를 악화시킨다.

연애를 하든, 친구관계에서든 서로 더 많이 좋아하고, 가깝다고 생각하는 사람들에게 더 상처를 많이 받는다. 그 이유는 뭘까? 예를 들어 내 마음의 크기가 8인데 상대방은 2다. 그랬을 때 상대방에게 기대를 많이 하는 사람은, 상대방의 마음의 크기도 8로 올라오길 바란다. 하지만, 그런 기대 자체가 상대방에게는 굉장히 큰 부담이고, 그 부담은 결국 그 관계를 악화시킨다. 나는 아쉽고 섭섭하니까 상대방에게 계속해서 그런 부분을 어필할 것이고, 상대방은 그런 당신에게 큰 부담을 느끼고 밀어낼 것이다.

❷ 내가 상처 받는다.

기대를 많이 하게 되면 무엇보다 내가 상처받는다. 누군가를 좋아해본 경험이 있을 것이다. 연락을 했을 때 답장이 안 오면 계속 조마조마하고 불안하고 그러다 연락이 오면 세상이 떠나갈 듯 기뻤던 그런 경험. 하지만 연락이 왔을 때도 퉁명스럽고, 또 다시 메시지를 보낼 때 답장이 없으면 괴롭고 상처 받는다. 관계도 마찬가지다. 내가 상대방에게 기대를 하는 만큼 나도 상처를 받는다. '바쁜 건가?' '왜 이런 부분도 고려해주지 않지? 나를 그만큼 신경 쓰지 않는 건가?' 라고 생각하게 되며, 좀 더 나아가서는 스스로에 대한 자존감의 하락까지 오게 될 수도 있다.

❸ 나를 약하게 만든다.

누군가에게 의지하고 기대하는 습관을 가진 사람들은 스스로의 능력이 부족한 경우가 많다. 무에서부터 유를 창조해본 경험이 없기에 그런 어려움을 극복하려는 멘탈도 약하고, 또 그러다보니 더욱 더 상대방에게 의존하고 기대는 악순환을 되풀이한다. '친하니까 이 정도는 나한테 해주겠지.' '가까우니까 나한테 콩고물이라도 떨어지겠지.' '내가 잘 안 되면 도와주겠지' 그런데 이런 기대는 굉장히 무의미하고 내 인생에 도움이 되기는커녕, 도리어 훨씬 더 부정적인 영향을 끼친다. 새들에게 같은 자리에서 모이를 계속해서 주게 되면, 그 새들은 먹잇감을 찾지 않고, 그 자리에만 모이며 나중에 모이를 주는 사람이 없어지면 결국 자생능력이 상실되어 도태되게 된다. 사람들에게 기대를 하는 것도 이와 마찬가지다. 처음엔 힘들더라도 상대방에게 기대하고 의존하기보다 최소한의 도움만 받으며 내 인생을 스스로 꾸려나가자. 그게 건강한 관계를 서로가 지킬 수 있는 가장 좋은 방법이다.

3
적을 만들지 않는 사람들의 4가지 특징

모든 사람들에게 사랑받을 순 없다. 이 사실만 인정해도 인생이 편해진다지만, 많은 사람들은 그럼에도 불구하고 모든 사람이 자신을 사랑해주고 좋아해주길 바란다. 그런데 살다보면 대부분의 사람들에게 호불호가 안 갈리는, 적이 거의 없는 사람들이 있다. 이런 사람들의 공통적인 특징은 아래와 같다.

❶ 약속은 반드시 지킨다.

의외로 약속을 지키지 않는 사람들이 많다. 이미 약속을 잡아놨는데, 뭔가 더 중요한 사람이나 만나고 싶은 사람이 생겨서 그 시간대밖에 안 된다면 이전 약속을 가볍게 취소하고 자기가 생각했을 때 더 중요한 사람들을 만나는 경우가 있다. 하지만 이런 행동은 장기적으로 봤을 때 정말 좋지 않다. 일방적으로 약속을 취소당한 상대방은 기분이 나쁘거나 불쾌할 수 있기 때문이다. 그렇기에 적을 만들지 않는 사람들은, 지금 당장의 이익을 보기보다 장기적으로 본다. '아쉽지만, 제가 선약이 있습니다. 혹시 괜찮으시면 다음에 괜찮은 날짜를 제게 알려주실 수 있을까요? 제가 맞추겠습니다.' 라며, 추후에 약속을 잡는다. 이런 사소한 약속까지 지키는 그 사람의 태도가 적을 만들지 않게 해주고, 또 그로 인해 더 많은 기회들을 창출하게 해준다.

❷ 일단 경청한다.

상대방이 설령 자신과 맞지 않는 가치관을 갖고 있거나 자신이 생각했을 때 말도 안 되는 소리를 하더라도 우선은 경청한다. 그렇게 듣고 왜 그렇게 생각하는지에 대한 이유를 조심스레 물어본다. 하지만, 적을 사서 만드는 사람들은 본인이 생각했을 때 틀렸다고 느끼면 그 자리에서 바로 말을 끊거나 상대방과 대립을 한다. 일단 경청하는데 드는 시간은 10분도 안 걸리지만, 그 10분을 참느냐 끊느냐에 따라 내 편이 되기도, 적이 되기도 한다. 그렇기에 우선적으로 상대방에게 10분은 배려하자. 전혀 다른 무언가가 나와 나에게 도움이 될 수도 있고 그 배려를 받은 상대방이 여러분에게 고마워하며 다른 기회를 제공해줄 수도 있다.

❸ 말을 예쁘게 한다.

'나는 너무 솔직해서 뒤에서 말 안 해.'라며 상대방에게 무례를 아무렇지 않게 내뱉는 사람들이 있다. 하지만 이런 사람들 주변에는 적밖에 없다. 차라리 뒤에서 하지 굳이 그걸 앞에서 하는 저의 자체가 좋지 않기 때문이다. 그러나 적이 없는 사람들은 상대방에 대한 배려가 몸에 배어있고, 그게 말로써 발현된다. 행여나 갈등이 있더라도 '미안한데, 이 부분에 대해서는 내가 좀 섭섭해. 얘기해줄 수 있을까?'라며 최대한 상대방을 배려하는 말투를 쓴다. 그러니 갈등도 현명하게 해결될 수밖에 없다.

❹ 인정할 줄 안다.

합리적인 비판을 잘 수용하고, 받아들인다. 비판과 비난의 차이를 명확히 알며, 자신도 모르는 단점을 말해주는 사람에게 화를 내기보다는 오히려 고마워한다. 그리고 그걸 고치려고 노력한다. 그렇게 하나하나 단점을 수용하고 고쳐 가다보니 당연히 주변에 적이 없을 수밖에 없다.

적이 없는 사람들은 이렇게 수용적이고 열린 태도로 사람들에게 신용을 얻는다. 그리고 그 신용은 어떤 것과도 바꿀 수 없다.

4
매력 부자들이 가진
4가지 특징

치명적인 매력이 느껴지는 사람들이 있다. 딱히 뛰어난 건 없는데 같이 있으면 매력이 넘쳐흘러 만나면 만날수록 더더욱 호감이 되는 케이스. 이런 사람들이 가진 공통적 4가지 특징이 있다.

❶ 리액션이 좋다.

저 사람 진짜 매력있다라고 여겨지는 사람들은 대부분 리액션이 좋다. 인간관계에 있어 리액션은 굉장히 중요하다. 리액션 하나로 그 대화의 분위기가 바뀌고 자신감이 달라지기 때문이다. 연예인들이나 강사들도 방송이나 강의를 하기 전에 '리액션 잘 부탁드립니다.'라고 하는 것처럼, 리액션은 상대를 즐겁게 만들고 힘나게 하는 엔돌핀과 같은 역할을 한다. 리액션이 좋은 사람들은 상대를 존중하고 배려할 줄 안다. 그리고 그 배려를 받은 사람은 당연히 상대방에게 크나큰 매력을 느끼게 된다.

❷ 삶의 밸런스가 뛰어나다.

매력 부자들은 자신이 갖고 있는 삶의 밸런스가 굉장히 뛰어나다. 어느 하나만 특출 나게 잘 나면 그 사람에 대한 매력은 크게 느끼지 못한다. 예를 들어, 외모만 정말 뛰어난 사람. 아니면 돈만 진짜 많은 사람, 공부만 진짜 잘 하는 사람에게는 처음 봤을 땐 굉장히 끌릴 수 있지만 만나다보면 질리기 쉽다. 자신이 갖고 있는 무기가 단 하나기 때문이다. 그리고 이렇게 어느 하나만 특출난 사람들은 거기에 집착하기 쉽고, 또 그러다보면 매력도가 많이 떨어지게 된다. 반면에 매력 부자들은 어느 하나가 완전하게 특출 나기보다는 다 조화롭게 밸런스 맞춰져있다. 그렇기에 절대 안달내지 않고 여유로우며 자신에 대한 자존감이 높다.

❸ 상대방을 편안하게 해준다.

매력 있는 사람들은 같이 있을 때 상대방을 불편하게 하기보다 편안하게 해준다. 이전에 내가 굉장히 힘들었던 때가 있었다. 그 때 자주 만나던 친구가 표정이 좀 안 좋은 걸 보더니, 일부러 아무 말도 하지 않고 평소처럼 행동을 했었다. 되려, '무슨 일 있어? 어떤 일이야? 나한테 말해줘.'라고 했다면 훨씬 더 불편했을 텐데, 그렇게 '때 되면 알아서 말해주겠지'라고 여기며 기다려주는 친구에게 참 고마움과 편안함을 느꼈던 기억이 있다. 이처럼 매력 있는 사람들은 상대방을 정말 편안하게 해주며 어떤 식으로든 배려해주려 노력한다.

❹ 자기관리를 잘 한다.

물론 내면도 중요하지만, 매력의 측면에서 외면도 빼놓을 수 없다. 매력 부자들은 자기 관리를 철저하게 한다. 상대방에게는 관대하지만 자신에게는 엄격하다. 계속해서 매력적으로 보이기 위한 노력들을 하고 자기 자신에게도 끊임없이 투자한다. 운동을 하든, 관리를 받든 다양한 것들을 하며 스스로를 꾸

미고 노력한다. 이렇게 끊임없이 관리를 하니 상대방에게도 당연히 매력적으로 보일 수밖에 없다.

5
친구가 없는 사람들의
3가지 특징

주변 인맥이 전무하고, 주변에서 평이 정말 좋지 않은 사람들이 있다. '너 걔 알아?'라고 하면 고개를 절레절레 짓고 손사래 치는. 이런 친구가 없는 사람들의 공통적인 특징이 3가지가 있다.

❶ 매사에 부정적이다.

누군가가 어떤 걸 시도하고 도전한다고 하면, 응원해주지는 못할망정 항상 초를 친다. '안 될 거야.' '에이 그걸 뭐 하러 해' '그거 어렵다던데.' 자신은 해보지도 않아놓고, 상대방의 성공 실패 여부를 그 자리에서 즉석으로 결정해버린다. 매사에 부정적인 사람들은 그들 끼리끼리 어울리게 되어있다. 그러면서 남 사는 얘기만 한다. 자신의 삶이 별 볼 일 없으니. 하지만, 이런 부정적인 사람들은 또 서로 쉽게 갈라진다. 안 좋은 얘기만 하다 보니 서로에게도 스트레스를 주고, 그 스트레스가 커지니 결국 서로가 서로를 멀리하게 되는 것이다. 그렇기에 이런 사람들은 주변에 친구가 없다.

❷ 말을 이상하게 옮긴다.

친구가 없는 사람들은 말을 계속해서 와전시킨다. 예를 들어, A가 'B는 다 좋은데, 그 부분이 조금 나랑 다른 거 같아'라고 C에게 말을 한다고 쳤을 때, A가 한 그 말을 B에게 'A가, 너 별로래.'라는 식으로 이상하게 옮겨버린다. '다 좋다'라고 한 부분은 삭제되고, '조금 다르다'라는 부분이 '별로다'라는 뜻으로 와전되어버린 것. 그렇게 와전된 말은 B의 귀에 들어가게 되고 B는 A에게 실망을 하거나 상처를 받게 된다. 하지만 결국 나중에는 진실을 알게 되어있다. A나 B나 어쨌든 서로가 허심탄회하게 얘기할 기회가 생기기 때문이다. 그 때 말을 이상하게 옮긴 C에 대한 분노가 커진다. 그리고 C는 사람들에게 완전히 신뢰를 잃어버린다. 말을 이상하게 옮길 바에야 차라리 입을 다물고 있는 게 훨씬 낫다.

❸ 매사에 귀찮아한다.

친구가 없는 사람들은 정작 외롭다면서 자신이 먼저 연락할 생각은 하지 않는다. 그리고 가뭄에 콩 나듯 오는 친구의 연락도, 만나자고 하면 귀찮아서 일정이 있다라는 식으로 둘러댄다. 나가봤자 의미 없고 돈만 쓴다라고 생각하기 때문이다. 그런데 이것도 한 두 번이지 먼저 온 친구의 연락을 계속해서 이런 식으로 대처하면 당연히 연락하는 친구의 입장에서도 기분이 나쁘고 부담된다. 어차피 거절당할 건데 굳이 물어보지 않게 되는 것이다. 그렇다고 집에서 생산적인 일을 하는 것도 아니다. 그냥 귀찮아서 그럴 뿐이다. 몇 안 되는 친구도 만나기 귀찮고 관리를 못하는 사람들은 절대 많은 사람들을 만날 수 없다. 결국 이런 사람들은 계속해서 혼자로 고립된다.

6
잘 배운 사람들이
반드시 지키는 인간관계 4가지 다짐

❶ 거절은 정중하되 단호하게 한다.

잘 배운 사람들이 오히려 거절을 잘 한다. 상대방을 실망시키고 싶지 않다는 이유로 무리한 부탁을 들어주면 스스로도 힘들어지고 자칫 상대방과의 좋은 관계도 무너질 수 있다는 걸 너무 잘 알기 때문이다. '죄송하지만, 그 부탁은 제 사정 때문에 힘들 거 같습니다.' 몸짓은 정중하지만 눈빛은 단호하게. 그것이 장기적으로 자신과 상대방의 관계를 지킬 수 있는 길이라는 걸 너무나도 잘 안다. 거절을 잘 못하고 이것저것 다 받아주게 되면 나도 힘들어지고 또 상대방도 힘들어진다. 그러니 좋은 관계를 오래도록 유지하는, 이런 잘 배운 사람들은 스스로가 도와줄 수 있는 도움의 범위를 정하고, 자신의 역량 밖인 도움은 정중하되 단호하게 거절한다.

❷ 어떤 관계에서든 뒷담하지 않는다.

뒷담은 참으로 달콤하다. 누구나 맞지 않는 사람은 있고, 어떤 경우에서든 불편한 상황은 발생하기 마련이다. 하지만 잘 배운 사람들은 어떤 경우에서든 절대 뒷담하지 않는다. 영원한 적도, 영원한 내 편도 없다는 걸 알기에 내가 했던 뒷담이 어떤 식으로 나에게 비수로 꽂힐지 모르기 때문이다. 뒷담은 할 때는 시원하고 좋으나, 하고 나면 찝찝하고 불편하다. 잘 배운 사람들은 어디에서든 스스로가 떳떳하고 당당하기 위해 그 달콤한 유혹을 잘 참아내고 소탐대실하지 않는다.

❸ 비교하지 않고 자신만의 삶을 산다.

상대방의 삶을 시기질투 하지만, 마음속으로는 부러워하는 사람들과 다르게 잘 배운 사람들은 상대방의 삶을 존중하되, 상대방의 삶과 자신의 삶을 비교하지 않고 스스로의 길을 걸어간다. 비교라는 것은 필연적으로 불행을 야기하고 스스로의 자존감을 깎아먹는 행위라는 것을 잘 알기 때문이다. 비교를 계속하게 되면 스스로가 피폐해진다. 세상에 나보다 잘 난 사람들은 널리고 널렸다. 나의 부족함만 계속해서 조명하고 집중하고 그것을 보완하기 위해 살다보면 평생 불행할 수밖에 없다. 기준을 남이 아니라 오로지 나에게 두고 비교하지 않고 온전히 자신만의 삶을 살기에 자존감이 높고 여유롭다.

❹ 먼저 인사하고 고개 숙인다.

잘 배운 사람들은 상대방을 만났을 때 나이 성별 지위고하를 막론하고 먼저 인사하고 고개를 숙인다. 상대방을 존중하고 대접하는 만큼 자신도 존중받고 대접받는다는 것을 너무나도 잘 알고 있기 때문이다. 자신을 존중하고 대접하는 사람을 개차반 취급하고 싫어하는 사람은 세상에 없다. 고개를 숙이는 작은 행위로 상대방의 마음을 얻을 수 있다는 걸 너무나도 잘 알고 있다. 그렇기에 이들은 많은 사람들에게 사랑 받고 또 존경 받을 수밖에 없다.

7

평생 갈 사람과
당장 거를 사람을 알아보는 3가지 방법

❶ 자기 자신을 높이기 위해 남을 까내리는 사람.

자기 자신을 높이기 위해 남을 까 내리는 사람들이 있다. 이 사람들은 어떻게든 자신이 돋보이기 위해 상대방을 까 내리고 그로 인해 자신이 위로 올라서려 한다. 자신이 당하는 건 못 참아하지만 남을 희화화하고 상대방에게 저지르는 무례는 당연히 받아줘야된다고 생각한다. 전형적인 내로남불 유형이다. 이런 유형은 반드시 걸러야 한다. 계속 옆에 두면 모기처럼 나를 짜증나게 괴롭힌다. 반면 평생 갈 사람은 절대 남을 까 내리지 않고 오히려 남을 높여준다. 자신이 돋보이기보다 상대방을 더 돋보이게 만들고 멋지게 만들어주고 싶어 한다. 이런 배려 깊은 마음을 가진 사람은, 자신이 원하지 않아도 다른 사람들이 알아서 높여준다.

❷ 화가 났을 때 감정적으로 대처하는 사람.

평소에는 안 그런데 화가 나면 굉장히 감정적으로 변하는 사람들이 있다. 갈등이 없을 땐 더 없이 평화롭지만 갈등이 생기는 순간 맹수로 변하는데, 이런 사람들은 어떻게 보면 폭탄과 같다. 화가 나는 순간 오히려 이성적으로 대처하려고 노력해야 하는데, 상대방에게 감정을 배설해버리고 상대방의 가슴에 못을 박는다. 감정이 어느 정도 해소되고 사과를 할 때는 꼭 이런 말을 덧붙인다. '미안, 내가 화나면 감정 컨트롤을 잘 못 해.' 다 큰 성인이 본인 감정 컨트롤 하나 제대로 못해, 상대방에게 씻을 수 없는 상처를 남긴다는 자체가 말이 되지 않는다. 그렇기에 이런 사람들은 언제 터질지 모르니 반드시 조심할 필요가 있다. 반면에 화가 나는 상황임에도 불구하고 어떻게든 이성적으로 대처하려고 노력하는 사람들이 있다. 이런 사람들은 감정적이지 않은 게 아니다. 다만, 상대를 그만큼 배려하고 아끼기에 절대 씻을 수 없는 상처나 가슴에 못을 박는 행위를 최대한 안 하기 위해 스스로를 컨트롤하는 것이다. 나를 소중하게 생각해주는 이런 사람들은 평생 갈 사람들이다.

❸ 끝인상이 별로인 사람들.

첫인상이 좋은 것보다 끝인상이 좋은게 중요하다. 첫 인상은 누구나 속일 수 있지만 끝 인상은 절대 속일 수 없다. 예를 들어, 입사를 할 때와 퇴사를 할 때의 태도 차이를 보면 그 사람의 인성을 알 수 있다. 입사 전에는 어떻게든 회사에 들어가고 싶으니 간절한 척, 뭐든지 다 하겠다는 척 하며 들어왔지만, 퇴사할 때는 며칠 남지 않았다고 자기 맘대로 행동하거나 안하무인격으로 근무를 하는 사람들 같은 경우다. 이는 비단 회사뿐만 아니라 인생 전반에 적용된다. 관계가 지나면 지나갈수록 처음의 가식은 사라지고 그 사람의 본 모습이 나오게 된다. 이처럼 끝인상이 안 좋은 사람들은 어딜 가든 마무리가 좋지 않고, 인간관계에서도 굉장히 이기적일 가능성이 높다. 반면에 첫인상만큼 끝인상도 좋은 사람이나, 첫인상보다 끝인상이 좋은 사람들은 평생 옆에 둬야 할 사람들이다. 처음의 좋았던 인상이 가식이 아니라, 그 사람 자체이기 때문이다. 이런 사람들은 곁에 두면 분명 나에게 좋은 에너지와 영향을 준다.

8

친할수록 더더욱 지켜야하는 4가지

❶ 상대방의 일방적인 희생을 당연하게 생각하지 않기.

상대방과 친할수록 상대방의 일방적인 희생을 당연하게 생각하지 않는 태도가 필요하다. 상대방의 희생을 당연하게 생각하는 순간 그 관계는 어긋날 수 밖에 없다. 관계가 지속되다보면 누군가는 필연적으로 더 희생하고 더 배려하는데 그 배려나 희생을 당연하게 여긴다면 그 상대방은 실망하고 내 곁을 떠나게 된다. 그렇기에 상대방이 나를 위해 희생하고 배려해준다면 그걸 당연하게 여기기보다 나도 그 사람을 위해 어떤 걸 해줄 수 있을지 고민하는 태도가 필요하다.

❷ 적당한 거리 유지.

너무 가깝다는 이유로 서로가 거리를 유지하지 않는다면 그 관계는 서로에게 부담감을 안겨준다. 예를 들어, 상대방의 일거수 일투족을 내가 다 알아야 된다는 이상한 신념을 갖는다거나, 적어도 한 달에 한 번은 반드시 만나서 서로가 즐거운 시간을 보내야 한다거나 하는 것들을 상대방에게 강요하면, 상대방은 그로 인해 굉장히 스트레스 받고 힘들어할 수도 있다. 그리고 그런 부담은 결국 서로를 어긋나게 만든다. 그렇기에 관계에도 적당한 거리를 유지하고 상대방만의 시간과 공간을 존중해주는 태도가 필요하다.

❸ 다른 사람들 앞에서 그 사람 낮추지 않기.

지금은 연락하고 지내지 않지만, 예전에 꽤나 친하게 지냈던 지인이 있다. 그런데, 그 지인은 항상 남들 앞에서 나를 낮췄다. 처음에는 장난이라고 생각하고 웃어 넘겼는데 그 정도가 계속 심해졌다. 누군가가 나보고 대단하고 멋지다고 하면, '에이. 쟤 별 거 없어. 저거 다 보여주기 식이야.'라고 한다거나,

'야, 저거 하는 거 생각보다 쉬워. 금방해. 쟤도 하는데. 다 하지.'라는 식으로 나의 노력과 성과를 쉽게 폄하하고 사람들 앞에서 나를 깎아내리는데 혈안이었다. 당해본 사람들은 알겠지만 친하다고 믿었던 사람이 나에게 저런 식으로 행동하면 굉장히 섭섭하고 당황스럽다. 그리고 서서히 마음속으로 그 사람을 지우게 된다. 친하다는 이유로 상대방을 무시하고 아무렇게나 할 권리는 없다.

❹ 과거의 그 사람 모습으로
현재와 미래까지 섣불리 판단하지 않기.

사람의 과거와 현재, 그리고 미래는 분명 달라질 수 있다. 하지만 오래 알고 지냈다는 이유로 친한 누군가가 무언가를 한다고 할 때 '야, 너 예전에도 그런 적 있잖아. 또 포기하게?'라거나, '내가 본 너는 그건 잘 안 어울린다. 차라리 딴 거 하는 거 어때?'라며 과거를 토대로 상대방을 섣불리 판단한다. 하지만, 그 태도는 전혀 바람직하지 않다. 그 사람은 당신이 그렇게 얘기하는 순간 굉장히 실망할 것이다. 과거에 실패했다고 현재에도 실패한다는 보장은 없다. 그렇기에 이런 경우 그냥, 믿는다, 힘냈으면 좋겠다, 잘 되길 바란다, 해낼 수 있다고 믿어 등의 짧은 한 마디가 훨씬 더 힘이 된다.

관계 레전드 조언 4가지

❶ 경조사에 초대받았다고 다 참석하지 않아도 된다.

직장생활을 하게 되면 청첩장을 생각보다 많이 받는다. 사회초년생일 때는 웬만하면 시간을 내서 참석하려고 한다. 왠지 꼭 다 가야할 것만 같은 느낌이 들기 때문이다. 그런데 굳이 시간이 없는데 억지로 시간을 내서 경조사에 참여할 필요는 없다. 그렇게 어색하게 여러군데 참석하는 것보다 그 에너지를 모아 정말 축하하고 싶은 사람의 결혼식에만 참석해서, 진심 어린 축하를 해주는 게 훨씬 좋다. 특히 연락도 없다가 뜬금없이 당신을 초대한 경우에는 더더욱 참석할 필요가 없다.

❷ 연애는 아쉬워서, 외로워서 하는 게 아니다.

외로움을 유독 많이 타는 사람들이 있다. 이 사람들이 습관적으로 하는 말이 '외로워' '연애하고 싶어'인데, 정작 그런 상태에서 누군가를 만나면 서로가 불편한 상황이 벌어지게 된다. 그 사람을 진짜 좋아해서 하는 게 아니라 외로워서 연애를 무작정 시작한 거라면 대체제가 많이 보이게 된다. 그 사람이라 좋은 게 아니라, 외로웠는데 마침 그 사람이 옆에 있었던 것이다. 그렇기에 젊음이 아쉽다고, 마냥 외롭다고 아무나 만나고 쉽게 연애하면 서로가 다친다. 명심하자. 연애는 아쉬워서 하는 게 아니라 사랑해서 하는 것이라는 걸.

❸ 한 번 실망시킨 사람은 나를 또 실망시킨다.

사람은 변하지 않는다라는 말이 있다. 이 말에는 크게 동의하지 않는다. 충분히 변할 수 있다고 생각하기 때문이다. 하지만, 한 번 나를 실망시킨 사람은 비슷한 일로 나를 또 실망시킨다는 말에는 동의한다. 하루 종일 연락 두절되고 잠수를 탄다거나, 말이나 행동을 굉장히 배려 없게 하는 행위들. 그런 걸로 인해 상처 받았다고 말 하더라도 그 때만 '미안해. 다시는 안 할게.'라고 하지만 시간이 지나면 비슷한 행동이나 말을 하게 된다. 그러니 우리가 선택할 수 있는 것은 두 가지다. 그 사람과 관계를 끊느냐, 아니면 그런 부분을 감수하면서까지 관계를 유지하느냐. 하지만, 단언컨대 그런 사람들을 만날 시간에 훨씬 더 좋은 사람과 발전적인 얘기를 나누며 즐거운 시간을 보내는 게 100배는 더 생산적이다.

❹ 어떤 관계든 최선을 다하라.

그 사람을 비즈니스로 만났든, 친목으로 만났든, 오래 만났든, 짧게 만났든 항상 사람에게는 최선을 다하라. 그 사람과 함께 있는 시간에는 적어도 남들이 그 시간을 방해하지 못하게 만들어라. 나에게 중요한 사람과의 시간은 소중하게 생각하면서, 내가 판단했을 때 별 볼 일 없어 보이는 사람과의 시간을 대충 대충 때우는 태도는 장기적으로 우리 삶에 굉장한 마이너스를 가져온다. 한 없이 중요하다 생각했던 사람이 별 볼 일 없는 사람이 될 수도 있고, 별 볼 일 없어 보이던 사람이 더 없이 중요한 사람이 될 수도 있다. 그러니 그냥 사람에 최선을 다해라. 그 모습이 당신의 모든 것을 결정한다.

10
지금 당장 정리해야 하는
인간관계 유형

❶ 내가 주는 걸 그냥 당연하게 생각하는 관계.

그 사람의 진짜 인성을 아는 방법은 간단하다. 그냥 무조건적으로 잘해주면 된다. 그럼 둘로 나뉜다. 잘해준 나에게 감사해서 어떻게든 베풀려 하는 경우와 그 호의를 당연함으로 여기고 더 큰 호의를 바라는 경우. 이럴 때 굳이 후자의 관계를 유지하려 스트레스 받고 힘들어할 필요 없다. 호의를 권리로 여기는 사람들은 당장 끊어내라. 당신의 인생에 어떻게든 기생해, 콩고물이라도 얻으려하는 쌀벌레같은 존재들이다.

❷ 사과하지 않는 유형.

사소하든 크든 잘못하더라도 자신의 잘못을 결코 인정하지 않으며 변명하는 유형. 이런 유형들은 함께 있으면 굉장한 스트레스를 준다. 그냥 잘못했다, 미안하다라고 넘어가면 될 문제를 '내가 일이 있어서' '사정이 있어서 어쩔 수 없었어. 근데 이 정도는 이해해줘야되는 거 아니야? '라며 되려 화를 내는 경우도 있다. 누가 잘못했고 누가 잘했는지도 모르게 되는 상황이 되는 것이다. 정말 당연하게 사과를 받아야하는 상황임에도 불구하고 '나도 잘못한건가? '라고 의심이 들게 하는 사람들은 과감히 정리하자. 그게 우리의 정신건강에도 좋다.

❸ 자존감은 낮고 자존심만 높은 유형.

자존감이 낮고 자존심만 높은 유형들은 항상 열등감에 가득 차 있다. 이 사람들은 본인의 수준과 역량을 엄청나게 과대평가한다. 예를 들어 5를 할 수 있는 역량인데, 10을 충분히 할 수 있다고 굳게 믿는 것이다. 그러니 자신이 5밖에 안 되는 상태에서 10의 역량을 보여주는 사람들을 보면 인정하고 배우려

하기는커녕, 그 사람들을 흉보고 그 사람들의 성과를 아무렇지 않게 여긴다. 하지만 정작 본인은 아무 것도 보여준 게 없다. 이런 사람들은 항상 말만 앞서고 제대로 하는 건 하나도 없다.

❹ 비속어가 입에 밴 유형.

'X발', 'X같네', 'X나 짜증나, X새X야.' 가끔 친하다는 이유로 서로가 비속어를 스스럼없이 내뱉는 경우를 보게 된다. 그런데 비속어를 쓰는 자체가 친밀의 증표라고 생각하는 거 자체가 굉장히 어리고 얕은 생각이다. 사람의 정신은 자신이 쓰는 말과 같다. 비속어를 쓰고 부정적인 단어들을 쓰면 내 정신도 그렇게 변하는 것이다. 비속어를 많이 쓰는 사람은 부끄러움을 잘 모르고, 남들을 배려하지 않는 사람들일 가능성이 높다. 공공장소에서, 사람 많은 곳에서 비속어를 아무렇지 않게 사용하는 사람들은 멀리하자. 남들의 불편함을 '어쩌라고'로 받아들일 유형이다.

11
알면 알수록
진국인 사람들의 4가지 특징

❶ 때문에보다 덕분에를 많이 쓴다.

때문에라는 말은, 변명이나 책임전가를 할 때 많이 쓴다. '이거 때문에 좋은 결과를 못 냈어요.' '너 때문에 되는 게 없어.' '걔 때문에 우리가 졌어.' 이처럼 때문에라는 말은 어감 자체가 좋지 않다. 하지만 덕분에는 좋은 뜻으로 많이 쓰인다. '너 덕분에 잘 할 수 있었어. 고마워' '이거 덕분이지.' '엄마 덕분이에요. 사랑해요.' 이처럼, 책임전가의 느낌보다는 상대방을 치켜세워주고 공을 인정하며, 감사해하는 느낌의 단어다. 만나면 만날수록 진국이라고 느껴지는 사람들은 이처럼 말습관 자체도 다르다. 설령 결과가 좋지 않더라도 때문에라며 누군가에게, 어떤 것에 책임전가하지 않고 '그래도 덕분에 많이 배울 수 있었어. 다음에 잘 하면 되지.'라는 식으로 더 나은 미래에 대한 얘기를 하려 한다. 과거에 머물러있는 사람과, 현재를 개선시켜 더 나은 미래로 나아가려고 하는 사람의 차이는 비교할 수 없다.

❷ 어떤 경우에서든 뒷담하지 않는다.

뒷담의 유혹은 참으로 달콤하다. 사람이 100% 맞는 것도 아니고, 또 그러다보면 필연적으로 인간관계에서 갈등이 생기기 때문이다. '나는 바나나가 좋은데, 쟤는 왜 사과를 좋아하지?'부터 '나는 이 방식의 일이 효율적이라고 생각하는데, 쟤는 왜 저런 식으로 하지?' 다양한 부분에서 부딪힌다. 하지만 중요한 건 그 사람 뒤에서 얘기를 하느냐 안 하느냐의 차이다. 진국인 사람들은 절대 뒤에서 남 얘기를 하지 않는다. 어떻게든 그게 자기 자신에게 돌아올 걸 잘 알기 때문이다. 현재 내가 느끼는 짜증나는 감정은 일시적이다. 그 감정은 시간이 지나면 점차 옅어진다. 그렇다면 지금 느끼는 짜증을 컨트롤하지 못하고 누군가에게 갈등을 빚고 있는 사람의 뒷담을 한다면, 그 뒷담은 시간이 지날수록 옅어지기는커녕 짙어진다.

❸ 과거에 살지 않고 현재와 미래에 산다.

과거에 사는 사람들은 항상 과거에 머물러있다. '내가 왕년에 잘 나갔어.' '내가 과거에 그 때 나 좀 진짜 쩔었지.'라며, 현재의 자신의 모습을 부정하고 항상 과거의 모습에 취해 산다. 하지만 진국인 사람들은 과거얘기를 잘 하지 않는다. 과거에 잘 나갔고 돈을 많이 벌었고 큰 성공을 이루었다하더라도 현재가 그렇지 않으면 그렇지 않은 거니까. 그걸 너무 잘 알고, 말보다는 행동과 성과로 보여주려 한다. 이런 사람들은 주변 사람들에게 긍정적인 영향을 미친다. '우리 이런 거 해볼래?' '이거 너 해보면 좋을 거 같아. 잘 될 거 같은데?'라며, 과거의 얘기보다 미래지향적인 대화를 계속해서 나누려한다. 이런 생산적인 대화를 계속하다보면 결국 잘 될 수 밖에 없다. 나에게 짜증을 가져다주는 존재가 아니라, 나에게 희망과 꿈을 가져다주는 사람들은 반드시 평생 옆에 둬야한다.

❹ 매사에 긍정적이다.

진국인 사람들은 매사에 긍정적이다. 물론, 대책 없는 긍정은 위험하지만 이 사람들은 기본 베이스 자체가 긍정이다. '힘들어. 충분히 힘들겠지. 그러나 해낼 수 있어. 해낼 거야.'라는 식으로 스스로에게 긍정의 주문을 외운다. 아무리 어려운 일이 닥치더라도 '난 못해. 포기할거야.'라는 식의 마인드셋이 아니라, '실패하더라도 일단 도전해보자. 어떻게든 하면 배우는 게 있겠지'라며 적극적인 마인드로 삶을 꾸려나간다. 그리고 이런 긍정적 에너지를 주변 사람들에게 널리 퍼뜨리며 좋은 영향을 준다.

12
언젠가 반드시
뒤통수 때릴 사람들의 4가지 특징

❶ 아부하는 사람.

부담스러울 정도로 좋은 말 예쁜 행동만 골라서 하는 사람들. 처음에는 기분이 좋을 수 있다. 하지만, 이렇게 대놓고 아부를 하는 사람들은 어느 정도 거리를 둘 필요가 있다. 분명 당신에게 뭔가 원하는 게 있거나 필요한 게 있어서 그럴 확률이 높으니. 원하는 것을 부담스럽지 않게 편하게 얘기하면 되는데, 굳이 이렇게 아부를 하면서 그걸 애써 드러내지 않으려 하는 자체가 의뭉스러운 사람일 가능성이 크고 앞 뒤가 다를 가능성이 크다. 그러니 이런 사람들은 어느 정도 거리를 두고, 그행동이 진짜인지 아닌지 보기 위해선 당신이 아닌 아랫사람에게 어떻게 행동하는지 살펴봐라. 가식적인 사람과 진실한 사람은 아랫사람을 대하는 태도로 구분된다.

❷ 작은 이익에 예민한 사람.

평상시에는 친절하고 믿을 만한 사람처럼 보인다. 하지만 자기에게 조금이라도 손해나는 일에 예민한 모습을 보인다면 정말 주의할 필요가 있다. 그런 사람들은 손해가 아닌 이익 앞에서 더 예민하고 계산적으로 행동하기 때문이다. 큰 이익을 앞두고 크게 뒤통수 맞기 전에 작은 이익에 눈 돌아가는 사람을 멀리하자. 그 작은 이익으로 당신을 쉽게, 언제든 배신할 수 있는 사람이다. 큰 걸 보지 못하는 소인배들은 절대 같이 갈 필요가 없다.

❸ 대책 없이 착한 사람.

너무 착하다 보니 온갖 문제를 가져올 수 있다. 스스로 끊어낼 줄도 알아야 하는데 책임지지도 못할 것을 승낙하고 주변 사람을 힘들게 하는 것이다. 예전에 직장 상사가 '착한 사람 콤플렉스'가 있는 사람이었다. 이 사람은 자신이 착해야만 한다는 당위성을 갖고 있었고, 그래서 다른 부서에서 할 일을 떠넘겨줘도 자기 할 말을 못하고 다 받아왔다. 그 몫은 고스란히 우리에게 돌아왔고, 서로가 그렇게 큰 스트레스를 받으며 일을 하다보니 관계도 좋아지지 않았다. 이런 사람들은 일을 함께 하면 예상치 못한 문제를 가져와 일을 아예 망치기도 한다.

❹ 갑질당했다는 말을 자주 쓰는 사람.

갑질 당했다는 말을 자주 쓰는 사람들 중에 괜찮은 사람들을 본 적이 별로 없다. 발렛파킹하는 분에게 본인이 차키를 던지는 건 당연하게 생각하고 본인이 느끼기에 불편함과 존중 받지 못했다는 느낌을 받으면 그건 갑질이다. 식당에서 사장님에게 말 없이 휘휘 손짓을 하는 건 당연하게 생각하고 누군가가 자기를 대우하지않는다라는 주관적인 감정을 느끼면 그건 갑질이다. 이처럼 뭐만 하면 습관적으로 갑질갑질하는 사람들은 내로남불이 일상이며, 언제든 자신이 생각하기에 당신이 불합리한 행동이나 말을 했다고 느껴지면 한 순간 어이없이 돌아설 수 있는 가능성이 큰 사람들이다. 그러니 이런 사람들은 반드시 조심하자.

13
반드시 거리를 둬야 할
사람들의 5가지 특징

❶ 부정적인 말투나 비속어가 입에 밴 사람.

'그거 안 될 텐데,''그거 해봤자 뭐 되겠냐?''아 X발 X같네. X나 짜증나 XX XXX!!'

부정적인 말투나 비속어가 입에 밴 사람들은, 스스로가 그걸 인지하지 못하는 경우도 있지만 간혹 그런 말투를 쓰는 자신이 멋있고 쿨하다고 생각한다. 이런 말투를 쓰는 사람들은 기본적으로 자신에 대한 배려뿐만 아니라 상대에 대한 배려도 없는 것이다. 누군가가 자신의 부정적 말투, 비속어로 불편해할 수도 있다는 것을 굳이 고려하지 않으니까. 그저 자신의 지금 기분과 감정이 우선인 이런 이기적인 사람들은 관계에서 반드시 거리를 둘 필요가 있다.

❷ 나에게 시간과 돈을 안 쓰는 사람.

상대방이 자신을 위해 시간과 돈을 쓰는 걸 당연하게 여기는 사람들이 있다. 물론 상대방이 자신에게 무언가를 배우거나 얻을 게 있다면 그럴 수 있지만, 그게 아닌 일반 친구 사이에서 이런 태도를 보인다면 그 사람은 당신을 호구로 밖에 취급하지 않는 것이다. 내가 베푸는 시간과 돈의 가치를 무의미하게 생각하는 사람이라면, 당신이 그렇게까지 그 사람을 만나며 감정 소비와 에너지 소비할 필요는 전혀 없다. 단언컨대, 당신의 인생에서 만날 가치가 있는 사람이 아니다. 더 상처 받기 전에 반드시 거리를 두고 지내자.

❸ 열등감이 크고 자존감이 낮은 사람.

열등감이 크고 자존감이 낮은 사람들은 친한 친구가 잘 되고, 잘 하고 있더라도 불안해하고 배 아파 한다. 건강한 사람이라면 친한 친구의 잘됨을 축하하고, 선한 동기부여를 받아 자신도 그 레벨로 가려하겠지만, 자신과 같은 레벨에 있는 사람이 레벨업을 하려고 하면, 어떻게든 끌어내려서 같은 레벨에 있게 하려 한다. 이런 사람들은 당신의 앞길을 막고 방해하는 사람들이다. 그러니 같이 진흙탕에서 구르기보단 한 발짝 거리를 두고, 멀리서 열심히 구르는 모습을 지켜보자. 그게 우리 인생에도 훨씬 더 유익하다.

❹ 틈만 나면 뒷담하고, 거기서 기쁨을 얻는 사람.

만나면 꼭 다른 사람을 까 내리며 거기서 기쁨을 얻는 사람들이 있다. 이런 사람들은 무조건 내가 없을 땐 나를 까 내릴 사람들이다. 해봤자 아무 득도 없는 뒷담을 2-3시간 동안 열변을 토하며 하는 걸 보면, 참 안쓰럽고 불쌍하다. 명심하자. 자신의 인생이 보잘 것 없으면 상대방의 인생을 어떻게든 물고 뜯으며 희열을 느낀다. 뒷담이 일상인 사람들은 반드시 거리를 두고, 절대 그 뒷담에 동조하지 마라. 당신이 동조했다는 이유만으로 당신을 뒷담할 사람들이다.

❺ 호의를 권리로 아는 사람.

예전에 아파트 경비원 할아버지 2분에게 인사를 항상 드리고 감사하다며 종종 음료수를 드린 적이 있다. 첫 번째 경비원 할아버지는 그 때마다 고맙다고 항상 나에게 인사하셨지만, 두 번째 할아버지는 나중엔 인사도 안 받고 음료수를 안 줄 때는 '오늘은 없어?' 라고 말했었다. 좋은 마음으로 베푼 호의를 빅엿으로 받아들이는 사람들이다. 이런 사람들은 숲을 보지 않고 나무를 본다. 당장의 이익에 눈이 멀어 상대방의 호의를 감사히 여기기보다, 당연한 듯이 여기고 더 큰 것을 바란다. 주변에 이런 사람들이 있다면 당신의 정신건강을 위해서라도 밝은 미래를 위해서라도 최대한 빨리 정리하고 손절하길 바란다. 함께 했을 때 서로가 긍정적인 시너지를 받고 미래지향적인 사람들과 좋은 시간을 보내기에도 부족한 인생이다.

14
절대 놓치면 안 되는
사람들의 5가지 특징

❶ 힘들 때 내 곁을 묵묵히 지켜준 사람.

물론 기쁠 때도 내 곁을 지켜준 사람도 참 고맙고 감사하지만, 내가 힘들 때 내 곁을 묵묵히 지켜주는 사람들은 절대 놓치면 안 된다. 내 인생에서 밑바닥을 보고도 내 곁에 남아준 사람들이기에, 나에게 그 어떤 것도 바라지 않고 그냥 인간으로서 나를 좋아해주는 사람들이기 때문이다. 나의 모든 것을 보고도 옆에 있어준 사람들은 절대 놓치면 안 된다.

❷ 별 말 없이 함께 있어도 편안한 사람.

사회생활을 하다보면 만날 때마다 뭔가 발전적인 모습이나 서로에게 도움이 되는 이슈를 다뤄야만 할 거 같이 느껴지고,

같이 있을 때 말이 없어지면 불편해지는 사람들이 있다. 하지만, 가끔은 그렇게 긴장하며 사람을 만나기보다는 아무 말 없이 편하게 만나고 싶을 때도 있다. 그럴 때 옆에 아무 말 없이도 편하게 있을 수 있는 그런 사람들이 필요하다. 이런 사람들을 절대 놓치지 말아야 하는 이유는 이미 서로에 대한 많은 것들을 알고 있기에 말하지 않아도 '얘가 지금 힘들구나.' '어느 정도 생각 정리가 필요하겠다'라는 걸 눈치채고 배려해주는 것이기 때문이다. 그리고 이 배려심과 센스를 갖춘 사람들은 분명 내 인생에서 가장 믿을만한 사람들일 가능성이 높다.

❸ 상대방의 호의를 더 큰 호의로 보답하는 사람.

상대방의 호의를 당연하게 생각하지 않고, 더 큰 호의로 보답하려 하는 사람은 항상 매사에 감사하는 습관을 갖고 있다. 이 사람들은 절대 초심을 잃지 않으며 작은 기프티콘을 하나 받았더라도 기억하고 상대에게 어떻게든 자신도 베풀려 노력하는 사람들이다. 돈을 많이 벌고 성공한 것과는 별개의 문제다. 어떻게든 그 마음을 본인도 전해주려 하는 그런 태도가 서로의 관계를 훨씬 더 끈끈하고 돈독하게 만든다.

❹ 말과 행동이 예쁘고 배려 넘치는 사람.

'미안해 많이 늦었어' '괜찮아, 덕분에 여기 카페도 발견했다? 여기 좋지' 상대방의 미안한 감정을 얼른 없애주기 위해, '덕분에'를 사용해 화제를 돌리는 사람들을 간혹 본다. 그럴 때는 훨씬 더 감사하고 고맙다는 생각이 든다. 어떻게 저렇게 말과 행동을 배려심 있게 하지라며 때로는 경외감까지 들 정도다. 말과 행동이 처음부터 타고날 수는 없다. 예쁜 말과, 상황에 맞는 행동들을 보며 '나도 누군가에게 저런 식으로 말하고 행동해야겠다' 라고 계속해서 스스로를 발전시킨 것. 말과 행동은 시간이 지나면 변할 수 있지만, 그 사람들이 갖고 있는 배려심 있는 마음은 시간이 지나도 변하지 않으니, 절대 놓치면 안 된다.

❺ 나에게 긍정 에너지를 왕창 불어넣어주는 사람.

내가 힘들고 지칠 때 '그럼 그렇지.' '너 안 될 줄 알았어'
라며 초를 치기보다, '할 수 있어!' '조금만 더 힘내자.' '내
가 지켜본 너는 분명 해낼 수 있는 사람이야!'라며, 응원을 불
어넣어주는 사람들. 물질적으로 도와주지 않더라도 돌이켜보
면 그런 정신적인 도움이 내가 어떤 것을 이루고 성장하는데 굉
장히 큰 기반이 된다.

2장

성공

실패를 두려워 말고,
배움을 항상 곁에 두고,
신뢰를 잃지 않기 위해 노력하라.

1
무조건 성공할 수 밖에 없는
사람들이 가진 3가지 특징

주변에 성공한 사람들을 많이 만나게 될 기회가 있다. 그리고 그들과 대화를 하다보면 '아 이래서 이 사람들이 성공할 수 밖에 없었구나'라고 느끼게 된다. 그리고 신기하게도 성공한 사람들 대부분은 이 3가지 공통점이 있었다.

❶ 실패를 두려워하지 않는다.

성공하지 못하는 사람들은 실패 자체를 굉장히 두려워한다. 성과가 안 나는 것에 대한 강박이 커서, 시도조차 하지 못한다. 하지만 100% 성공하는 방법은 사실 없다. 내가 100%라고 확신하고 시작하더라도 생각지도 못했던 암초를 만나기도 한다. 그렇기에 100%로 시작한다는 말 자체가 어폐가 있다. 반면 성공하는 사람들은 절대 실패를 두려워하지 않는다.

이 사람들에게 실패란 '과정'이자, '성장'이다. 이들은 완벽함보다는 일단 '도전'하는데 집중한다. 그 도전에서 분명 본인이 배울 수 있다고 느끼기 때문이다. 그리고 그 마인드를 토대로 이들은 계속해서 발전해나가고 자신도 모르는 사이에 이미 성공해있다.

❷ 어떤 경우든 배운다.

성공하는 사람들은 앞서 말한 것과 같이 목표 달성에 집착하기보다는, 그 과정에서의 성장에 집중한다. 그렇기에 이 사람들에게 성공이란 곧 성장과 같다. 무조건 성공하는 사람들은 굉장히 개방적이고 열려있다. 이들은 다양한 분야의 다양한 사람들의 의견을 듣고 자신의 삶에 적용하는 것을 좋아한다. 성공하지 못하는 사람들의 공통적인 특징 중 하나는 막혀있다는 것이다. 배우지 않고, 계속해서 하던 것만 하고, 그 외에 것들은 배척하는 것. 하지만, 성공하는 사람들은 이미 성공하고 잘 되고 있음에도 불구하고 끊임 없이 배우려 하고 사람들을 만나려 한다. 그렇기에 이들은 더더욱 성공하고 잘 될 수 밖에 없다.

❸ 신뢰를 준다.

성공의 기본적인 요건은 '신뢰'다. 상대방과 한 작은 약속도 허투루 여기지 않고 지키려 노력하고 사람들에게 믿음을 준다. 그리고 자신이 한 말은 반드시 지키려 한다. 예를 들면 '나 12월까지 바디프로필 찍을 거야.' '나 5월까지 매출 1억 목표로 할거야.'라는 식으로 말한 뒤 그걸 이루기 위해 뼈를 깎는 노력을 하고 진짜 이루며 결과로 증명한다. 하지만 실패하는 사람들은 말만 많다. 그냥 본인이 하고 싶은 것과 해야 될 것들을 착각하고 사람들에게 계속해서 신뢰를 잃는다. '너 그 때 그거 한다고 안 했어?' '아, 그냥 나랑 안 맞는 거 같아서.' 이런 식의 대화가 계속해서 쌓이고 쌓이다보면 어떤 걸 한다고 하거나, 도와달라고 했을 때 기본적으로 그 사람에 대한 신뢰가 없기에 주변인들은 머뭇거릴 수 밖에 없다. 그렇기에 성공하는 사람들은 기본적으로 자신의 성취를 증명하고 또 그로 인해 신뢰를 주니, 계속해서 성장하고 또 성공할 수 밖에 없다.

100억 부자들 95%가
갖고 있다는 가치관

❶ 절대 게으르게 살지 마라.

부자들은 돈이 많아서 일 안하고 살아도 되겠지라고 생각할 수 있지만, 그건 부자들을 잘 몰라서 하는 소리다. 내가 만나본 대부분의 부자들은 굉장히 부지런했다. 새벽 6시에 조찬모임을 나와 각자 네트워킹을 하는 게 그들의 일상이다. 부자가 되기 위해서는 하루의 시간을 효율적으로 써야하고, 또 금융지식에 대한 공부도 계속해야 된다. 몸이 두 개라도 모자라기 때문에 이 사람들은 최대한 그 시간을 120% 소화하기 위해 절대 게으를 틈이 없다. 궁극적으로 삶의 목표가 돈을 많이 버는 것이 아니라, 비전을 찾고 가치를 찾는 것이기 때문에 그것에 집중하여 끊임 없이 달린다. 그리고 비전과 가치가 있기에 결코 지치지 않고 계속해서 앞으로 나아갈 수 있다. 이런 발전적인 태도는 그들을 더더욱 부자로 만든다.

❷ 철저한 자기관리를 해라.

부자들은 끊임 없이 관리한다. 시간이 없는데도 불구하고 짬을 내서 운동을 하거나 외모를 가꾼다. 물론 내면도 중요하지만, 사람들에게 주는 첫 인상이 굉장히 중요하다는 걸 누구보다 잘 알기 때문이다. 상상해보자. 수염도 잘 안 깎고, 술냄새가 나며, 퉁퉁 부은 눈에 옷으로 가려지지 않는 배를 가진 사람이 있다. 반면 외모가 깔끔하고, 몸도 탄탄하며 옷도 단정하게 입은 사람이 있다. 여러분이 같이 일을 한다면 누구와 하고 싶은가? 대부분이 후자일 것이다. 자기 관리를 철저하게 하는 사람이 뭐든 다 잘할 거 같다는 느낌을 주기 때문이다. 사람들에게 보여지는 것도 중요하지만, 이 사람들이 철저하게 자기관리를 하는 이유는 무너지지 않기 위해서다. 한 번 의지의 끈을 놓으면 다시 되돌리고 복구하는데 얼마나 힘든 줄 알기에 어떻게든 시간을 내서 운동을 하고 관리를 한다. 그렇기에 이들은 계속해서 사람들에게 호감을 주고, 또 그로 인해 많은 기회들을 얻으며 부자가 된다.

❸ 자신의 일에 능통해라.

인맥도 중요하지만 우선적으로 가장 중요한 건 바로, 나 자신이 내가 하는 일에 능통한가이다. 내 할 일을 잘 하면, 어떻게든 소문이 나고 주변에 많은 기회들과 사람들이 온다. 하지만, 내 할 일도 제대로 하지 못하면서 우선적으로 인맥을 쌓으려고 사람을 만나는 것은 시간만 아깝다. 부자들은 자선사업가가 아니다. '이 사람이 내게 어떤 도움을 줄 수 있을까?'를 본능적으로 판단한다. 누군가에게 자신 있게 '저는 당신에게 이걸 줄 수 있습니다.' '저는 이 부분은 확실하게 도움을 드릴 수 있습니다.'라고 말할 수 있는 사람이 된다면, 그저 아는 사람이었던 부자는 그 때부터 인맥이 된다. 그렇기에 우선적으로 철저히 자신의 일에 능통해야 한다. 사람이 좋으면 착하다는 평가만 받지만, 일을 잘하면 돈으로 증명 받는다.

3
부자들의 멘탈관리법 5가지

❶ 스스로를 믿어준다.

부자들은 스스로에 대한 확신이 있다. 어떤 어렵고 힘든 일이라도, 골치 아픈 클라이언트를 만나더라도 좌절하거나 포기하지 않고 이겨내려 한다. 이미 지금까지 본인이 이뤄냈고 증명한 것들이 있기에 지금 힘들지만 곧 지나가리라고 생각하는 것이다. 근거가 있는 믿음은 그들을 더 높은 곳으로 인도해준다.

❷ 고민을 오래 하지 않는다.

가난한 사람들은 쓸데없는 고민을 오래도록 붙잡는다. 일어나지도 않은 일에 스트레스 받고 별 거 아닌 일에도 좌절한다. '아, 그렇게 되면 어떡하지?' '진짜 큰일 났네..' 그렇게 에너지를 계속 쓰게 되면 정작 중요한 일을 할 때 퍼져버린다. 하지만 부자들은 자신의 멘탈을 관리하기 위해 고민을 오래 하지 않는다. 일어나지도 않은 일에 감정 소모하지도 않고, 별 거 아닌 일은 무난하게 넘기며, 반드시 해야 할 일을 확실하게 인지하고 그것들을 차근차근 해 나간다. 그들은 도전에 있어서도 마찬가지다. 도전에 앞서 도전을 하지 않아야 할 변명을 찾기보다는 일단 시작해본다. 시작하는 순간부터 고민은 '이걸 어떻게 해야 하지? '가 아니라, '어떤 식으로 성공시킬까? '로 변하는 걸 너무도 잘 알고 있기 때문이다.

❸ 긍정적인 사고방식.

　대부분의 부자들은 긍정적이다. 마냥 긍정적인 게 아니라, 현실적이되, 그 상황에서 최대한의 긍정을 생각하는 것이다. 부정적인 것을 계속 생각하면 진짜 그렇게 될 수 밖에 없다. 내가 어떤 생각을 하느냐에 따라 내 인생이 180도 달라진다는 것을 너무도 잘 알고 있다.

❹ 일찍 자고 일찍 일어난다.

자는 시간과 일어나는 시간이 보통 일정하다. 과음을 하거나 폭식을 하며 다음날 아침 피곤한 채로 불쾌하게 일어나기보다, 상쾌한 아침을 위해 일찍 잠자리에 든다. 아침의 기분이 하루를 좌우하고, 하루의 기분이 인생을 좌우한다는 것을 너무나도 잘 알고 있기 때문이다. 이런 상쾌한 기분으로 하루를 시작하면, 자연스레 멘탈도 관리된다.

❺ 오히려 좋아!의 마인드를 갖고 있다.

어떤 힘든 일이 일어나더라도 그들은 '오히려 좋아'라고 생각한다. 이미 일어난 일에 대해 어찌 할 순 없으니, 최대한 긍정적으로 생각하고 극복해야겠다고 여기는 것이다. 이미 일어난 부정적인 일에 대해 계속해서 자책하고 좌절하면 그 일은 더더욱 커져 나를 잠식한다. 그 일이 자신을 잠식하기 전에 얼른 마음속에서 지워버린다. 그리고 이런 마인드는 결국, 계속해서 좋은 멘탈을 유지할 수 있게 도와준다.

4
부자들이 시간관리를 하는 5가지 이유

❶ 시간이 돈이라는 걸 너무나도 잘 알고 있다.

가난한 사람들은 시간으로 돈을 사지만, 부자들은 돈으로 시간을 산다. 그들은 아웃소싱 개념을 적극 활용한다. 자신이 전문 분야가 아닌 것에는 전문가를 고용하거나 그 분야에 능통한 사람을 비용을 주고 사용하며, 자신의 전문분야에 모든 시간을 투자한다. 이는 선택과 집중을 하는 부자들만의 방법이다. 그들은 자기 시간의 가치를 너무나도 잘 알고 있으며, 그 시간을 계속해서 효율적으로 사용할 수 있는 방법에 집중한다. 그러다보니 무의미하게 보내는 시간은 거의 없다.

❷ 일정한 컨디션을 유지하기 위해서.

오늘은 기분이 굉장히 좋았다가, 내일은 최악이고, 또 다음 날은 다시금 좋아졌다가, 또 그 다음날은 우울해지고. 이런 식으로 자신의 기분 바이오리듬이 들쭉날쭉한 사람들은 대부분 일정한 퍼포먼스를 보여주지 못한다. 그리고 이는 시간과도 관련되어있다. 시간관리를 한다는 것은 최대한 나의 인생을 예측 가능한 범위에서 판단한다는 것이다. 그렇기에 이들은 자신의 컨디션을 계속해서 좋은 상태로 유지하기 위해 칼같이 시간관리를 한다.

❸ 더 많은 시간을 확보하기 위해.

아까 말했듯, 부자들은 자신의 시간이 엄청난 가치가 있다는 것을 너무나도 잘 안다. 그렇기에 쓸데없는 시간을 쓰는 걸 굉장히 싫어한다. 의미 없는 미팅, 아무 생각 없이 유튜브 보기 같은 시간을 최대한 줄이고, 인생을 효율적으로 살기 위해 노력한다. 이렇게 점점 의미 없이 보내는 시간들을 줄이고, 더 많은 시간을 확보해 생산적인 일을 하다보면 같은 24시간을 84시간처럼 살 수 있게 된다.

❹ 주도적인 삶을 살 수 있다.

누군가의 시간에 좌지우지되는 게 아니라, 자신만의 시간 관리법이 있기에 내 인생을 내가 컨트롤할 수 있다. 시간 관리를 잘 못하는 사람들은 남들의 시간에 휘둘린다. 그리고 이런 경우 삶이 극단적으로 치우쳐져 균형을 잃어버릴 수도 있다. 하지만 부자들은 스스로의 시간 균형을 칼같이 지키며, 주도적으로 살기 위해 시간 관리를 한다. 그리고 이 태도는 부자들에게 엄청난 것들을 가져다준다.

❺ 우선순위를 파악하기 위해.

의미 없는 일에 굉장히 많은 시간을 쏟아 붓고, 정작 중요한 일에는 별 시간을 쓰지 않는 사람들이 있다. 이는 시간이 영원하다고 생각하는 안일한 태도에서 비롯된 것이다. 부자들은 시간 관리를 하며 항상 우선순위를 파악한다. 시간이 영원하지 않다는 것을 알기에 최대한 효율적으로 쓰려고 노력하는 것이다. 그리고 그렇게 효율적으로 사용하려는 생각을 하면 우선순위가 확실해진다. 의미 있고 중요한 것에 많은 시간을 투자하게 되고, 의미 없는 것들은 자연스레 후순위로 미룬다. 이렇게 생산성 있게 살기에 그들은 계속해서 부자가 될 수밖에 없다.

5
부자와 가난한 사람의
사소한 4가지 차이

❶ 쓸 데 없는 데 시간 안 쓴다.

　연예인 중에 누가 더 예쁜지로 몇 시간동안 갑론을박하는 사람들이 있다. 그런데 정작 그 연예인은 그들의 존재조차 모른다. 그리고 자신이 생각하는 예쁜 연예인이 상대방이 생각하는 연예인보다 예쁘다는 걸 입증할 수 있는 객관적인 증거도 없다. 하지만, 그렇게 의미 없는 논쟁을 자신의 소중한 시간을 쓰며 계속한다. 그게 본인의 인생에 가치 있다고 생각하는 가치 판단의 오류를 항상 범하기 때문이다. 하지만 부자들은 이런 쓸 데 없는 시간을 쓰는 걸 정말 싫어한다. 필요 없는 감정소모는 그들이 가장 의미 없다고 생각하는 일이다. 그 시간에 일을 더 하거나 책 한 자를 더 읽는다. 자신이 쓸데 있고 가치가 있다고 생각하는 활동에만 자신의 소중한 시간을 투자한다. 소비적인 일에 많은 시간을 투자하는 사람과 생산적인 일에 많은 시간을 투자하는 사람의 차이는 시간이 지나면 불 보듯 뻔하다.

❷ 겸손하고 개방적이다.

이들은 항상 배움에 적극적이다. 자신이 잘하는 분야에서는 누구보다 프로페셔널하지만, 또 다른 분야에 대해서는 분명 공부하고 학습해야 된다고 생각하기 때문이다. 그리고 이들은 상대방을 존중할 줄 알며 배려할 줄 안다. 진정성 있는 태도가 결국 또 다른 기회를 가져다준다는 걸 안다. 전혀 다른 분야에 대한 얘기를 들으며, 그들은 자신의 일에 어떻게 적용할지를 끊임없이 생각한다. 반면 가난한 사람들은 폐쇄적이다. 자신이 알고 있는 세계가 전부라고 굳게 믿는다. 그래서 좋은 얘기를 들어도 '나와는 상관없어' '그거 다른 세상 얘기야.' '내가 어떻게 해.' 라며 튕겨낸다. 그렇기에 좋은 사람들과, 좋은 기회들이 자연스레 사라질 수밖에 없다.

❸ 돈에 대해 '어떻게'를 생각한다.

가난한 사람들은 항상 돈 걱정을 한다. '왜 이렇게 돈이 없지?' '난 왜 이렇게 가난할까?' 하지만, 이 질문 자체가 부정적이기에 시간이 지나도 나아지기는커녕 더욱 더 가난해질 뿐이다. 반면 부자들은 '어떻게'라는 질문을 한다. '어떻게 하면 돈을 더 효율적으로 벌 수 있을까?' '이 방식에서 어떻게 하면 조금 더 시간을 줄일 수 있을까?' 질문 자체가 긍정적이고 아이디어를 적극적으로 낼 수 있기에 그들은 계속해서 그런 방법들을 생각하고, 또 적용하며 스스로를 발전시킨다. 24시간 돈 걱정 하는 사람보다, 24시간 동안 어떻게 돈을 더 잘 벌 수 있을지를 고민하는 사람은 무조건 많은 돈을 벌 수 밖에 없다.

❹ 공짜를 경계한다.

가난한 사람들은 공짜를 좋아한다. 프랜차이즈 치킨집에서 선착순 200명에게 무료로 치킨을 제공한다고 하면, 하루 종일 치킨집 앞에서 줄을 선다. 소중한 자신의 시간이 그렇게 의미 없이 낭비된다는 생각 자체를 못한다. 하지만 부자들은 공짜를 좋아하지 않는다. 공짜는 어떤 식으로든 대가를 치러야한다는 것을 잘 알고 있기 때문이다. 그렇기에 큰 돈을 지불하더라도 제대로 배울 수 있는 것들, 제대로 즐길 수 있는 것들을 찾는다. 그리고 이런 질 높은 교육이나 경험들은 그들을 더더욱 부자로 만들어준다.

6
항상 최고의 선택을 하는 부자들이 가진 3가지 태도

❶ 일단 시작해서 계속 발전시킨다.

고민에 드는 시간을 최소한으로 줄이고, 일단 시작한 뒤 하면서 계속 발전시킨다. 완벽히 깨닫고 시작한다는 자체가 말이 안 된다는 것을 너무도 잘 알고 있기 때문이다. '완벽한 준비가 되면' '내가 그 분야의 전문가가 되면' 이런 말들이 다 핑계임을 이미 깨닫고 있다. 이런 말들이 본인을 약하게 만들고 도전하지 못하게 만드는 걸 인지하고 있기에 일단 시작하고 완벽하게 만든다. 이렇게 어떤 것이든 가볍게 시작해서, 무겁게 결과를 내기에 이들은 다른 사람들보다 의사결정이 훨씬 더 빠르고 당연히 좋은 결과를 낼 수 밖에 없다.

❷ 부담 안 드는 금액으로 시작한다.

금전적으로도 마찬가지다. 주사위를 던진다고 가정해보자. 주사위를 한 번 던지는데 100만원이고, 6이라는 숫자가 나올 때마다 1000만원을 준다고 생각해보자. 이 때 돈이 없는 사람들은 겨우 100만원을 모아 한 번 던진 뒤 16.6%의 확률을 바란다. 하지만, 한 번 던져서 6이 나올 확률은 굉장히 낮다. 하지만 본인의 자산이 1억 이상이라면? 어차피 확률 상 던지면 던질수록 6이 나올 확률이 크기에 이 사람들은 부담 없이 주사위를 굴리고 계속해서 돈을 쌓아나간다. 이 주사위 예시처럼 가난한 사람들은 한 방을 좋아한다. 모든 걸 한 방에 걸고, 올인한다. 하지만 이는 정말 위험한 태도다. 이 확률 낮은 한 방이 성공하지 못하면 모든 걸 잃기 때문이다. 격투기로 치면, 거리에 들어온 상대에게 효율적으로 타격을 쌓기 위해 잽을 날려야되는데 맞지도 않을 어퍼컷만 계속해서 주구장창 날리는 것과 같다. 하지만 부자들은 철저히 거리를 잰다. 이 일을 시작하는데 있어 내가 부담이 안 되는 금액으로 일단 먼저 경험해본다. 잃어도 크게 상관없다. 그 돈이 있든 없든 인생에는 큰 영향이 없기 때문. 그렇기에 훨씬 더 여유롭게 진행할 수 있다.

그리고 그런 것들이 쌓이고 쌓이면 결국 6만 나오는 주사위를 만들게 된다.

❸ 직감을 믿되 중요하다고 생각하는 가치관들도 고려한다.

직감은 굉장히 중요하다. 사람은 처음 만났을 때 그 사람이 함께 갈 사람인지, 아닌지를 직감적으로 알 수 있다. 하지만 이 직감만 믿어서는 안 된다. 예를 들어, A가 나에게 5000만원을 벌어다주는 사람이라고 생각하자. 그리고 B는 1000만원을 벌어다주는 사람이다. 하지만 A를 만나보니 생각보다 나랑 잘 안 맞는거 같고 함께 있으면 불편하다. 하지만 B는 훨씬 더 잘 맞는 거 같고 결이 나와 비슷하다. 그렇다고 B를 선택할 수는 없다. 이 사람들이 나에게 벌어다주는 돈의 차이가 꽤나 크기 때문이다. 이처럼, 부자들은 어떤 결정을 할 때 인간성, 능력, 주변 평판, 일처리 속도, 성실도 등등 굉장히 많은 것들을 자신만의 기준을 갖고 본다. 그렇게 자신만의 조건으로 까다롭게 상대방을 보고 결정하기에 항상 최선의 선택을 할 수 밖에 없다.

7

부자들이 끼리끼리 어울리는 3가지 이유

❶ 항상 발전하고 싶어서.

발전하지 못하고, 항상 과거에 머물러있는 몸과 마음이 가난한 사람들은 매일 매일이 같다. 전날 과음을 해 퉁퉁 부은 눈으로 겨우 출근해서 '일하기 싫어 죽겠다' '다시는 술 안 마셔야지'를 연발하고, 퇴근해서는 또 같은 사람들과 같은 시간을 보낸다. 이들이 제일 자주 하는 말은 '과거에는 내가 잘 나갔지' '내가 이것만 있었으면 진짜 잘 됐을 건데.' 물론, 이런 대화가 재밌을 수 있다. 과거에 화려했던 내 모습을 떠올리고, 또 내가 생각했을 때, 부족한 부분을 채운 내 모습을 상상하면 기분이 좋아질 수 있으니까. 하지만 현실은 시궁창이다. 중요한 건 그 상상을 현실로 만들기 위해 하는 노력이다. 부자들은 결코 과거에 머물러있지 않는다. 그들은 이미 충분히 부자임에도 불구하고 더 많은 돈을 벌 수 있는 방법을 고민한다. 같이 서로의 사업을 도와주거나, 좋은 기회를 제공하며 더 적은 시간을 들여 더 많은 돈을 벌 수 있는 방법을 고민한다. 가장 중요한 건 그들의 가치가 결국 '자아실현'에 있다는 것이다. 그들은 돈을 많이 벌며 다른 사람들에게 좋은 기회를 제공하거나, 또 자신의 좋은 영향력이 많은 사람들에게 미쳐, 그들의 인생이 변화하는 모습을 볼 때 보람과 가치를 느낀다. 같이 모여서 그런 좋은 원동력으로 계속해서 선한 고민을 하기에 그들은 당연히 잘 될 수밖에 없다.

❷ 감정 소모를 아끼기 위해.

지금은 연락하지 않지만 한 때 친했던 고향 친구가 있다. 오랜만에 고향에 내려갔는데, 최근에 자신이 월급이 올랐다는 얘기를 하길래 '진짜 축하한다.'라고 말하니, 넌 얼마 버냐고 물어서 '월 천 만원 조금 넘게 벌어'라고 말했더니 표정이 싹 변하더라. '야, 너 그거 이상한 방법으로 돈 번 거 아니야?' 기분이 나빴지만 최대한 친절하게 '아니야, 그런 거 아니고 이런 이런 방법으로 벌었어.'라고 얘기하니, 갑자기 '야, 너가 돈 많이 버니까 이거 사라.'라고 말했다. 그 말을 들은 순간 '아, 얘와는 여기까지구나'라는 확신이 들었다. 부자들은 끼리끼리 만날 수밖에 없다. 가난한 사람들은 그들에게 어떻게든 콩고물이라도 얻어먹으려고 달려들고, 그들이 돈을 번 방식에 대해 도덕적 문제점을 제기한다. 아니라고 해명해봤자 믿지도 않고 계속해서 나의 에너지를 뺏는다. 그렇기에 그들은 같은 고민을 하고 같은 곳을 바라보는 부자들을 만날 수밖에 없는 것이다. 가치관이 같은 사람들끼리, 생활수준이 같은 사람들끼리 어울린다는 끼리끼리 유유상종 초록동색은 변치 않는 진리다.

❸ 자극 받기 위해.

자극이 없으면 사람은 발전하지 않는다. 자전거를 탈 때를 생각해보자. 처음에는 보조바퀴를 달고도 중심을 못 잡아 넘어져, 부모님이 뒤에서 잡아줘서 겨우 버텼을 것이다. 하지만 계속해서 넘어지고 타다보면 어느새 나 혼자도 타게 되고, 나중에는 심지어 손을 놓고 자전거를 타기도 한다. 지금 우리에게 자전거를 타는 행위는 절대 자극이 되지 않는다. 물론 사이 클 대회를 나가는 사람들을 제외하고는 말이다. 이처럼 '어떻게 해결해야 하지?' '어떻게 발전해야 하지?'라는 생각이 들지 않으면 그 행위 자체는 우리에게 생산적인 행위는 아닌 것이다. 부자들은 계속해서 무언가를 만들어내고 발전한다. 그렇기에 그들은 자신들의 발전적인 마인드와 현재 하고 있는 것들을 공유하고, 서로에게 자극을 준다. 이 자극이 경쟁심을 유발하는 게 아니라, 더 잘 하고 싶은 마음을 만드는 것이다. 이렇게 선한 영향력으로 서로를 자극 주고 계속해서 발전한다.

8

부자들이 항상 질문하는 4가지 이유

살다보면 오히려 부자들이 훨씬 더 질문을 많이 한다. 더 많이 알면서도 불구하고 말이다. 반면 가난한 사람들은 오히려 질문을 잘 하지 않는다. 자신이 이 질문을 했을 때 남들이 자기를 그것도 모르냐며 무시하면 어쩌지? 라는 두려움이 있기 때문이다. 부자들은 그런 시선을 별로 신경 쓰지 않고 적극적으로 질문하며 더 나은 삶을 만들어간다. 부자들이 항상 질문하는 4가지 이유가 있다.

❶ 생각을 자극한다.

그들이 많이 앎에도 불구하고 계속해서 질문을 하는 이유는, 그럼에도 불구하고 모르는 것들이 많고 그것들을 알며 스스로를 발전시키기 위함이다. 질문은 사람의 생각과 사고를 자극하기 때문에 계속해서 발전적인 답을 찾기 위해 효율적인 방법을 스스로 생각하게 된다. 예를 들어 '지금 하는 일에서 정확히 3배 정도 연봉을 올리기 위해서는 어떤 방법이 필요할까요?'라는 질문을 상대방에게 했다고 하자. 그럼 그 질문을 받은 상대방도 굉장히 많은 고민을 하겠지만, 질문을 한 사람도 자신의 업에서 어떻게 하면 연봉 3배를 올릴지 고민하게 된다. 이런 건강한 질문들은 서로에게 큰 도움이 되고, 내가 지금까지 생각지 못했던 참신한 아이디어를 적용할 수 있게 만들어준다.

❷ 정보를 얻을 수 있다.

질문을 하는 이유는 간단하다. 좋은 답을 얻거나 좋은 정보를 얻기 위해. 부자들은 그런 것들을 얻기 위해 질문을 하는 것을 결코 부끄러워하지 않고 당연하게 생각한다. 오히려 질문을 하지 못해 그 자리에서 의문점이 해결되지 않았을 때 그 질문을 하지 못한 자신을 부끄럽게 생각한다. 이들은 계속해서 배우는 '성장 지향적'인 사람들이기에 어떤 정보든 관심 있거나 잘 모르는 게 있다면 적극적으로 질문한다. 그리고 질문을 받은 상대방은, 당연히 자신에게 관심을 가져주는 그런 태도에 고마워, 많은 것들을 알려준다. 짧은 대화로도 정말 많은 것들을 얻을 수 있다.

❸ 상대방의 마음을 살 수 있다.

질문을 잘 하면 상대방의 마음을 사고, 또 상대방에게 특별한 인상을 남기며 추후에 이로 인해 좋은 기회를 얻을 수 있다. 부자들의 질문은 결코 단순하지 않다. '한 달에 얼마 벌어요?' 같은 저렴한 질문이 아니라, '지금까지 시련과 좌절을 겪으시면서 큰 부를 이루셨는데요, 혹시 그런 포기하지 않는 원동력은 어디서 나오신 건가요?' 같은 수준 높은 질문을 하며 상대방을 자극시킨다. 질문의 수준이 곧 그 사람의 수준이다. 그렇기에 부자들은 적극적으로 질문하되, 결코 무례하거나 저렴한 질문은 하지 않는다.

❹ 자신의 가설을 확신으로 바꾼다.

어느 정도 잘 알고 있다고 생각만 하던 것을 질문을 통해 확신으로 바꾸며 의사결정시간을 줄일 수 있다. '괜찮겠지'와 '무조건 된다.'는 어감 자체가 다르고 마음가짐도 다르다. 그들은 자신보다 더 잘 알고 있는 사람들에게 적극적으로 질문을 하고, 거기서 확신을 얻을 수 있을만한 정보를 수집한 뒤 빠르게 시도한다. 그렇기에 부자들은 질문을 하는 데 전혀 주저하지 않는다. 질문 하나가 자신의 인생을 바꿀 수도 있다는 확신이 있기 때문이다.

9
부자들이 반드시 지키는 3가지

❶ 매너.

내가 지금까지 만나본 대부분의 부자들은 매너가 좋았다. 이들은 먼저 인사하고 고개 숙이며 상대방을 존중하고 어떤 얘기든 귀담아 듣고 경청했다. 몸 구석구석 예의가 배어있었고, 그런 대접을 받은 나도 그 사람을 더욱 더 존중하게 됐다.

부자들이 이런 매너를 중요시하는 이유는 간단하다. 어떤 만남이든 같은 시간을 사용하는데, 그 시간을 최대한 의미 있고 즐겁게 보내는 방법이 바로 매너기 때문이다. 내가 상대방의 얘기를 잘 들어주면 상대방도 자연스레 내 얘기를 잘 들어줄 것이고, 내가 상대방을 먼저 배려해주면 상대방도 자연스레 나를 사려 깊게 대해준다는 것을 너무나도 잘 안다. 서로가 그렇게 서로를 존중해주면 그 시간이 굉장히 즐거워지고 의미 있어진다.

❷ 자기확신.

부자들은 자신에 대한 확신이 강하다. 그렇다고 절대 꼰대라거나 폐쇄적이라는 의미는 아니다. 이유 있는, 애정 어린 비판은 받아들이되 무조건적인 비난은 원천 차단한다. 이들은 스스로가 무언가를 할 때 스스로가 반드시 할 수 있다라고 확신한다. 근거 있는 자존감을 토대로 일을 헤쳐 나간다.

이들이 자기 확신을 가질 수 있는 이유는 간단하다. 지금까지 많은 성취를 이뤄왔고, 그 성취들에서 자신에 대한 확신을 얻었기 때문이다. 아무 것도 하지 않은 채, 그냥 방구석에서 '내가 마음만 먹으면 제일 잘 할 텐데' '내가 진짜 안 해서 그렇지. 하면 장난 아니야'라고 생각하는 사람들과는 천지차이다. 이들은 아무리 힘든 일이라도 우선 도전하고 그 과정에서 계속해서 무언가를 얻으며 발전하기에 어떤 걸 하든 잘 해낼 수 있다라는 성공 DNA가 있다. 그리고 스스로가 스스로를 믿지 못하면 세상 그 누구도 자신을 믿어주지 않는다라고 생각하기에, 무엇보다 본인이 본인을 신뢰하며 일을 해나간다.

❸ 자기계발.

부자들은 절대 정체되어있거나 고여 있지 않다. 가난한 사람들이 앞서 말했듯 아무 것도 하는 거 없이 그저 현실과 사회에 대한 불평불만을 하며 의미 없는 시간을 보낸다면, 부자들은 무언가를 계속해서 배운다. 그게 독서든, 영어공부든, 스피치든, 투자든 계속해서 공부를 해나가며 무지의 영역을 앎의 영역으로 변화시킨다. 이들은 다양한 세상과 만나 자신의 세상을 넓히는데 큰 관심이 있으며 실제로 그렇게 배운 것들을 삶에 적용하며 계속해서 발전하고 성장한다. 이런 성장 마인드셋은 부자들의 가장 큰 장점 중 하나다.

10
가난을 극복하고 싶은 당신에게
부자들이 전하는 4가지 조언

❶ 성실해라.

평범한 당신이 부자가 될 수 있는 단 하나의 방법은 남들보다 2-3배 노력하는 것이다. 당신이 비범한 사람인지 아닌지를 알고 싶은가? 알 수 있는 방법은 간단하다. 현재 당신의 모습을 보면 된다. 노력하지 않아도 성공하는 재능러였다면 진즉 성공했을 것이다. 현재 20-30대, 40대임에도 남들과 비슷하게 살아가고 있다면 그건 당신이 지극히 평범하다는 증거다. 그렇다면 더더욱 열심히 살아야 된다.

누군가는 열심히라는 주체가 없는데 무조건적으로 열심을 강요하는 건 구세대적 사고 방식 아니냐라고 할 수도 있다. 하지만 어느 시대든 노력하고 성실한 사람에게는 그렇지 않은 사

람보다 훨씬 많은 기회가 주어진다. 명심하자. 성실함이 가장
큰 재능이다.

❷ 친절하고 겸손해라.

어떤 사람이든 친절하게 대해라. 주변을 보면 어느 정도 성
공했다고 목에 힘을 주고 사람들을 무시하거나 무례하게 대처
하는 사람들을 보게 된다. 그러나 장담컨대 그런 사람들은 절
대 롱런할 수 없다. 자신이 지금 이룬 작은 성공이 온전히 자
신만의 노력으로 이루어졌다고 생각하는 자만심을 갖고 있기
때문이다. 하지만, 성공은 절대 혼자만의 힘으로 이뤄낼 수 없
다. 당신이 프리랜서라면 외주를 주는 사람이 있을 것이고, 당
신이 사업가라면 당신의 사업을 도와주는 직원이나, 또 다른
일을 주는 파트너사도 있을 것이다. 당신이 직장인이라면 월급
을 주는 사장이 있을 것이고, 당신이 주식투자로 큰 돈을 벌었
다면, 그 정보를 주거나 주식에 대한 지식들을 알려준 사람이
있을 것이다. 어느 것 하나 혼자 이뤄지는 것은 없다. 노력을
하고 선택을 한 뒤 그 선택을 지속하는 건 자기 자신이지만 그

과정에서 굉장히 많은 사람들의 노력이 들어간다. 항상 친절하고 겸손해야 한다. 그래야 더 많은 기회가 찾아오고, 더 많은 사람들이 당신을 찾을 것이다.

❸ 자기계발에 투자하는 돈은 아끼지 마라.

제일 미련한 사람들이 자신에 소비수준에 맞지 않는 사치를 부리는 것이다. 하지만 유일하게 부려야 할 사치가 있다면, 그건 자기계발비용이다. 책을 사든, 강의를 듣든, 업무와 관련된 스터디에 참여를 하든, 다양한 취미를 배우든 자신에게 어떻게든 도움이 되는 자기계발에는 돈을 아끼지 마라. 하루 밤 술값으로는 10만원도 잘 쓰면서, 10만원하는 강의가 너무 비싸다고, 아깝다고 생각하는 순간 거기서 그 사람의 발전은 끝이다. 나무를 보지 말고 숲을 봐라. 큰 그림을 그리고 천천히 앞으로 나아가라. 현재 당신이 쌓고 있는 것들이 당신의 미래를 결정한다.

❹ 부자들이 모이는 곳에 가라.

의미 없는 인맥을 쌓으라는 것이 아니다. 다만, 그들이 어떤 생각을 하고 어떤 삶을 살고 있는지 직접 체감하고 자극을 받는 경험이 필요하다. 처음엔 불편할 수 있다. 하지만 그 불편함을 좋은 자극제로 삼고 발전한다면 이전보다 훨씬 더 많은 것들을 얻을 수 있다.

11
반드시 성공을 가져오는
성공 마인드 3가지

❶ 지금 노력하면 3년 후에 내가 달라진다.

지금 내가 노력하는 것이 의미 없다고 생각할 수도 있다. 그리고 보여지는 성과가 나타나지 않아 지칠 수 있다. 하지만, 성공이란 일정한 비율로 올라가는 그래프가 아니라 어느 순간 미친 듯 성장하는 계단형 그래프와 같다. 한 순간 어마어마하게 폭발적으로 성장하며 그 때부터 놀라운 결과들이 벌어진다. 현재 우리는 항상 하고 싶은 일과 해야 하는 일이 겹친다. 그런데 둘 중 하고 싶은 일을 먼저 하면 나중에는 해야 하는 일만 하며 살아야 되고, 지금 해야 하는 일을 하면 나중엔 하고 싶은 일을 하며 살 수 있게 된다. 하지만 해야 하는 일은 노력이 가미되어야 하고, 필연적으로 내가 하고 싶은 것들을 포기해야 한다. 하지만 그렇다고 해서 당장 결과가 보이는 건 또 아니다. 수많은 실패와 좌절의 순간이 기다린다. 그러나 대부분의 성공한 사람들의 공통점을 살펴보면 모두 실패하는 과정을 겪어왔음을 알수 있다. 노력의 과정은 원래 아름답지 않다. 실수하고 넘어지고 좌절하는 시간을 버텨낸 뒤에 당당하게 일어선 모습이 아름다운 것이다. 힘들고 두렵고 막막한 현재의 시간이 당신을 성공의 길로 이끌 것이다. 놀랍도록 미친 듯이 성장하기 위해 노력하자. 현재의 노력은 복리처럼 꾸준히 쌓여, 어느 순간 폭발적인 결과로 증명된다.

❷ 10대에 가난한 건 내 잘못이 아니지만, 성인이 되고나서 가난한 건 내 잘못이다.

10대에 가난한 건 본인의 잘못이 아니다. 가난한 집에서 태어났으니 가난할 뿐이다. 경제활동을 할 기회가 현저히 부족하고, 그렇다고 학교를 자퇴하는 것은 너무나도 큰 위험부담이 있다. 그래서 10대가 가난하다면, 그건 변명이 아니라 어쩔 수 없는 것이다. 하지만, 성인이 되고나서도 가난한 것은 나의 잘못이다. 마음만 먹으면 알바도 할 수 있고, 면허만 따면 대리기

사나 배달도 할 수 있다. 아니면 취직을 한 뒤, 직장에서 의미 있는 기술을 습득할 수도 있다.

하지만 가난한 사람들은 여전히 그런 일들은 귀찮아서, 피곤해서, 나와 잘 안 맞아서 라는 갖가지 변명을 대며 쓸데없는 자존심을 세운다. 그런 쓸데없는 자존심은 그 사람을 더욱 더 가난의 구렁텅이로 빠져들게 만든다. 인생에 변명하지 말고, 스스로를 계속해서 단련시켜라. 더 이상 집안 형편 탓, 부모님에게 손 벌릴 생각하지 말고 스스로의 삶을 개척할 방안을 찾고 움직여라. 의존은 사람을 약하게 만들지만, 독립은 스스로를 강하게 만든다.

❸ 어떤 것이든 배울 점은 있다.

어떤 사람을 만나고, 어떤 환경에 처하더라도 무조건 배울 점은 있다. 예를 들어, 정말 진상 손님을 만났다거나 굉장히 배려심 없는 사람을 만났다고 가정해보자. 그런 사람들에게 나의 에너지나 감정을 뺏기는 대신, '아, 성공하기 위해서는 남들에게 절대 저런 식으로는 행동하지 않아야겠다.' 라는 배움을 얻었다고 생각하자. 성공은 학습에서 온다. 학습은 '좋은 학습'만 있는 것이 아니다. '나쁜 학습'을 통해, 반면교사 삼고 거울삼아 '나는 정말 저런 행동과 말을 조심해야지' 라고 스스로에게 경각심을 주면 그것 또한 좋은 배움이다. 성공하기 위해선 다양한 사람과 다양한 경험을 통해 스스로를 단련하는 태도가 필요하다. 그렇기에 항상 열려 있어야하고, 받아들일 준비가 되어있어야 한다.

12

부자들이 환경을 바꾸는 3가지 이유

❶ 기분이 다르다.

예전에 직장에서 좀 멀지만 월세가 15만원 정도 저렴한 집을 잡았다. 그 때 당시에는 몇 만원을 아껴 저축을 해야 한다는 큰 포부가 있었는데, 거기서 반년도 못 살고 나왔다. 우선, 몇 만원을 아꼈지만 내 소중한 감정은 크게 낭비했다. 대중교통을 타고 출퇴근을 했는데, 사람들 틈에 끼어 정신없이 출근했다. 퇴근할 때도 마찬가지였다. 여유롭게 퇴근하지 못하고 인파에 떠밀려 겨우 퇴근을 했었다. 그렇게 출퇴근시간에 낭비하는 시간과 감정이 어마어마해졌고, 15만원을 아끼려고 훨씬 더 큰 가치를 잃었다. 뿐만 아니라 그 동네는 치안이나 동네 수준이 좋지 않아, 내가 출근을 하러 집 밖을 나가면 그 때 당시 퇴근을 하는 사람들이 보였고, 저녁에는 주변 술집 영향으로 고성방가를 하거나 경찰차 소리가 심심찮게 들려 잠을 잘 못 이루곤 했다. 부자들은 그래서 무엇보다 환경을 바꾼다. 출근하기 전, 집 앞 공원을 산책한 뒤 좋은 기분으로 출근하는 사람과, 술에 절어 고주망태가 된 사람을 보며 출근하는 사람의 하루 기분은 완전히 다르다. 그리고 그 기분은 우리 인생에 정말 큰 영향을 미친다. 내 주변 부자들은 하나 같이 이렇게 말한다. '월세 10-20만원 아끼고 매일 불쾌할 바에야, 그 돈 주고 매일 상쾌한 게 훨씬 이득이다.' 명심하자. 하루의 기분은 우리의 인생을 바꾼다.

❷ 보고 듣고 느낀 게 인생을 좌우한다.

내가 자주 어울리는 다섯 명의 평균이 나라는 말이 있다. 그만큼 부자들 곁에 있으면 끊임없이 자극을 받는다. 계속해서 생산적인 대화를 하고 어떻게 하면 더 성공할 수 있을지에 대한 방법들을 서로 공유한다. 하지만, 내 주변에 가난한 사람들이 있다면, 내가 어떤 걸 용기내서 한다고 말을 해도, '야, 그게 되겠냐? 상식적으로 생각해봐' '그거 힘들다더라. 내가 아는 사람 있는데.'라는 식으로 나의 가능성을 원천 차단한다. 해보지도 않아놓고, 또 아는 사람에게 제대로 듣지도 않아놓고 일단 상대가 나보다 더 높은 레벨로 올라가려 하면 어떻게든 끌어내리려고 안달을 내는 것이다. 그렇기에 성공하기 위해선 내가 자주 만나는 사람들의 환경을 바꿔야 한다. 내가 지금 보는 것, 그리고 지금 듣는 이야기, 그리고 지금 느끼는 감정이 우리의 인생을 좌우한다.

❸ 더 이상 의미 없는 시간을 보내기 싫다.

부자들은 자신들의 시간을 굉장히 소중하게 생각한다. 자신들의 시간이 곧 돈이라는 걸 잘 알고 있기 때문이다. 그렇기에 그들은 할인 행사에 2시간 동안 줄 서서 기다리지 않고 웨이팅 없이 제값을 주고 먹고, 가격이 조금 비싸더라도 시간을 효율적으로 사용할 수 있는 곳에서 산다. 출퇴근 시간을 아끼고, 의미 없는 사람들을 만나는 시간을 최대한 줄이고 스스로에게 집중하고 몰입하는 것이 훨씬 더 인생에 도움 된다는 것을 잘 알고 있기 때문이다.

$$3장$$

마인드셋

남 사는 얘기에 너무 관심 갖지 마라.
내 인생이 아닌 남의 인생을 살게 된다.

1

긍정적인 사람과
부정적인 사람의 5가지 차이

❶ 감사와 사과, 칭찬에 익숙하다.

긍정적인 사람은, 작은 것에도 감사할 줄 안다. 감사할 게 많으면 많을수록 인생이 행복해지고 풍요로워진다는 걸 너무나도 잘 알고 있기 때문이다. 뿐만 아니라 긍정적인 사람은 자신이 잘못한 부분에 있어서는 반드시 사과를 한다. 알량한 자존심으로 사과하지 않고 소중한 사람을 잃는 게 얼마나 가치 없고 바보 같은 짓인지 너무나도 잘 안다. 그리고 이들은 상대방을 칭찬하는 데 익숙하다. 상대방을 인정함으로써 자신도 결국 자연스레 인정받는 걸 인지하고 있기 때문이다.

❷ 피해를 주지 않으려 노력한다.

긍정적인 사람은 감정적으로든 물질적으로든 상대방에게 피해를 주지 않으려 노력한다. 감정적인 피해는 예를 들면 이런 것이다. '오늘 너무 힘들어 죽겠어.' '짜증나.' '아 되는 게 없네' 이런 식으로 자신의 부정적인 감정을 계속해서 배설하면 옆에 있는 상대방은 크나큰 피해를 받는다. 긍정적인 사람들은 이런 것들을 직접적으로 경험해봤기에 상대방에게 그런 부정적인 감정을 주지 않으려 노력한다. '힘내자' '이겨낼 수 있어' '다 잘 될 거야.' 이런 식으로 상대방을 북돋아주고 응원해주며 지지해준다.

❸ 비난과 비판을 구분한다.

부정적인 사람들은 대개 비난과 비판을 구분하지 못한다. 자신에게 피가 되고 살이 되는 비판임에도 불구하고, 자기 자신에 대한 공격 신호라고 받아들여 신경질적으로 대처하는 경우가 많다. 반면 긍정적인 사람들은 비난과 비판을 확실하게 구분한다. 그들은 자신들에게 도움이 되는 애정 어린 비판은

120% 받아들이고 삶에 적용해 발전시키는 동력으로 사용하지만, 무조건적인 비난은 단호하게 차단한다. 그런 무의미한 비난에 일일이 반응해봤자 자신만 손해고, 그게 바로 비난하는 사람들이 원하는 모습이라는 걸 이미 잘 알고 있다.

❹ 항상 새로운 것을 받아들인다.

부정적인 사람들은 폐쇄적인 성향이 강하다. 자신이 아는 세상이 전부라고 믿고, 진리라고 맹신한다. 그러니 충분히 더 나은 기회와 사람들이 오더라도, 자신의 가치관으로는 이해를 못하기에 그걸 다름이 아닌 틀림으로 간주하고 배척한다. 그렇게 좋은 기회와 사람을 많이 놓친다. 반면 긍정적인 사람들은 개방적이다. 이미 많이 알고 있다고 하더라도 끊임없이 배우려 하고, 또 새로운 것들을 적극적으로 받아들인다. 세상에는 내가 아는 것보다 모르는 것이 훨씬 많다는 것을 너무 잘 알고 있다. 그렇기에 긍정적인 태도로 계속해서 새로운 것을 받아들이고 끊임없이 발전한다.

❺ 변명을 찾지 않고 이유를 찾는다.

부정적인 사람들은 무언가를 시작하기 전에 변명부터 찾는다. 그 일을 성공적으로 해내지 못했을 때에 사람들의 시선이 두렵기 때문이다. 그래서 그들은 '때문에'를 많이 쓴다. '그거 때문에' '시간 때문에' 이런 식으로 말이다. 하지만 긍정적인 사람들은 관계에 있어서든 일에 있어서든 변명보다 해야 할 이유를 찾는다. '어떻게 하면 이걸 해결할 수 있을까?'라는 질문을 던지니, 당연히 답을 찾기 위한 생각만 하게 되며, 그 생각은 결국 문제를 해결하게 해주는 가장 좋은 기폭제가 된다.

재능보다 성실함이 중요한 3가지 이유

❶ 재능은 일시적이지만 성실함은 지속된다.

주변에 좋은 재능을 가지고도 그 재능을 꽃피우지 못한 사람을 많이 보게 된다. 그 사람들이 그 아쉬운 재능을 썩히는 이유는 단 한 가지다. 성실하지 못했기 때문에. 재능이 좋으니 자신의 재능을 과신하고, 노력을 하지 않는 것이다. 물론 애매한 재능이 아니라 정말 탁월한 재능이라면 모든 걸 다 뛰어넘을 수 있겠지만, 어느 정도 '괜찮은' 재능 정도로는 절대 모든 걸 극복해낼 수 없다. 스윙을 하루에 300번 하는 재능 있는 야구 선수와, 재능은 좀 떨어지지만 하루에 스윙을 3000번 하는 야구 선수가 있다고 생각해보자. 이 둘의 격차는 하루로는 좁혀지지 않을 것이다. 기껏 해봐야 2700번이니까. 하지만 이게 한 달이 되고 일 년이 지나면 이 둘의 격차는 놀랍도록 벌어진다. 적어도 몇십만 번을 더 휘두른 성실한 사람이 재능 있는 사람보다 훨씬 좋은 결과를 낼 확률이 크다. 가장 무서운 사람들은 자신의 루틴을 반드시 지키는 사람들이다. 그들은 어떤 유혹에도 흔들리지 않고 꿋꿋이 자신이 할 것들을 해낸다. 그리고 이런 성실함이 쌓여 임계점을 건드리는 순간 그들은 놀라울 정도로 폭발한다.

❷ 사람들의 인식.

사람들이 어떻게 나에 대해 평가하는지는 신경 쓸 필요가 없다. 다만, 재능이 있으나 꾸준하지 못하고 게으르면 주변 사람들이 그 사람에게 기회 자체를 주지 않는 경우가 많다. 무언가를 시작한다고 공공연하게 선포하고, 또 그로 인해 많은 조언과 지원을 받았음에도 만사 귀차니즘 때문에 그들의 기대를 저버리는 일들이 비일비재하기에 재능 있는 사람들은 기본적으로 주변인들에게 '신뢰'를 주지 못한다. 무언가를 한다고 하더라도 '쟤, 또 저거 하다가 말겠지'라는 식으로 생각하는 것이다. 그렇기에 이들은 심리적인 지지를 받을 사람들이 없어지고 고립되어간다. 반면에 성실한 사람들은 주변에서 챙겨주지 못해 안달이다. 정말 열심히 하고 성실히 하는 걸 옆에서 계속 지켜봤기 때문이다. 이 사람들에게는 많은 기회를 주려고 하고, 어떻게든 도와주려 하는 사람들이 많다. 당장 아직까지 성과는 못 냈지만, 이런 페이스로 계속 가다보면 당연히 성공할 수밖에 없다는 것을 직감적으로 느끼기 때문이다.

❸ 포기하지 않는 태도와 겸손함.

재능만 있는 사람들은 무언가를 시작해도 쉽게 포기할 때가 많다. '에이, 난 다른 걸 잘 하니까 이건 그만해야겠다.' 라며 스스로를 위로한다. 반면 성실한 사람들은 어떤 걸 하더라도 쉽게 포기하지 않고 끝까지 최선을 다한다. 그들은 모든 것에 대한 책임감이 있고, 또 설령 결과가 좋지 않더라도 자신이 할 수 있는 모든 것을 한다. 그런 DNA가 기본적으로 탑재되어 있기 때문이다. 그리고 이런 포기하지 않는 태도는 그들에게 정말 많은 것을 가져다준다. 뿐만 아니라 성실한 사람들은 겸손하다. 자신이 재능이 좋은 편은 아니라는 것을 알기에, 스스로가 '뛰어나지 않다'라는 인지가 되어있다. 그렇기에 더더욱 노력하고 성실하게 삶에 임하는 것이고, 그런 겸손한 태도는 당연히 상대방에게도 좋게 전해질 수 밖에 없다.

3

많은 경험을 해야 하는 3가지 이유

❶ 회복 탄력성.

많은 경험을 해본 사람들은 당연히 경험을 하지 않은 사람에 비해 많은 실패를 겪어봤다. 그들은 다양한 것들을 하며 자신의 한계에 부딪히기도 하고, 또 부족함을 절실히 느끼기도 했을 것이다. 그럼에도 불구하고 많은 경험을 해야 하는 이유는, 성공하기 위해선 반드시 실패의 과정이 필요하기 때문이다. 처음부터 일을 잘 하는 사람은 없다. 직장 사수에게 혼나고 깨지면서 일을 배우게 되고, 그런 경험이 쌓이고 쌓여 결국 나중에는 누군가를 교육할 수 있는 어엿한 선배가 되는 것처럼 경험도 마찬가지다. 내가 실패를 했더라도 그 경험치는 내 삶에 고스란히 남아 있어, 다른 걸 할 때도 크나큰 도움이 된다. 실패를 한 번도 안 해본 사람들은 무언가를 시도하는 걸 굉장히 두려워한다. 그렇기에 그들은 한 번의 실패가 인생의 종말이라고 생각하며, 지극히 안전한 길만 걸으려 한다. 실패가 그들에게는 '절망'이라는 인식으로 박혀있는 것이다. 반면 많은 경험을 통해 실패를 일찍이 어느 정도 겪어본 사람들에게 실패는 '성장'이다. '지금은 넘어졌지만, 다음번엔 넘어지지 않을 수 있겠다.'라는 자신감을 갖고 더 개선해서 도전하는 것이다. 그렇기에 이들은 회복 탄력성이 아주 좋다. 한 번의 실패에 좌절하고 주저앉는 사람과, '오히려 좋아'의 마인드로 실패의 쓴맛을 금방 잊고 새로운 성장을 위해 도전하는 사람들의 미래는 180도 다를 수밖에 없다.

❷ 여유로워진다.

첫 연애를 할 때를 생각해보면, 미숙한 말이나 행동으로 상대방에게 본의 아니게 상처를 줬던 적이 많다. 하지만, 그런 것들이 단기간에 고쳐질 수는 없다. SNS를 보고 '연애할 때 절대 하지 말아야 할 행동, 말'을 본다고 해서 실제 삶에 적용되지는 않듯이. 실제로 사귀어보고, 잘못된 말과 행동으로 소중한 사람을 떠나보내는 후회도 해보며 시간이 지나면 좀 더 성숙한 말과 행동을 하게 되는 것이다. 이미 많은 경험을 한 사람들은 매력이 넘친다. 삶에 있어 어떤 것이든 경험해봤기에 여유롭고 의연하다. 그리고 이 여유는 절대 단기간에 형성되지 않는다. 많은 경험을 통해 자연스레 만들어지는 사람의 '멋'과 같은 것이다.

❸ 훨씬 더 나은 선택을 할 수 있다.

이미 많은 경험들을 한 사람들은, 그 경험들을 활용할 줄 안다. 업무를 할 때나 인간관계에서도, 자신이 했던 많은 경험들을 토대로 최대한의 성과를 낸다. 한 분야만 했던 사람보다, 여러 분야의 경험을 했던 사람들이 새로운 일에 대한 습득 속도가 훨씬 빠른 것도 이와 궤를 같이 한다. 어떤 경험이든 의미 없는 경험은 없다. 많은 경험을 해본 사람들은 사고가 열려있다. 그들은 자신이 했던 다양한 경험들을 연결시키고, 최선의 선택과 효율을 보여준다.

4

유리 멘탈을 한 순간에
강철 멘탈로 만드는 4가지 방법

❶ 세상에 욕 안 먹는 사람은 없다.

　이전에는 타인의 시선을 그렇게 신경 쓰고 살았다. 나의 좋은 점을 바라봐주는 사람들보다, 나를 무조건적으로 싫어하고 맘에 안 들어 하는 사람들의 마음을 어떻게든 돌려보려고 애를 썼다. 하지만 그렇게 해도 그런 사람들은 여전히 날 싫어하거나 호구 취급하는 경우가 많다. 나를 이유 없이 싫어하는 사람들에게 잘 보이려 애쓰는 건, 밑 빠진 독에 물 붓기와 같다. 내가 붓는 물의 양보다 독의 뚫린 구멍이 훨씬 커 채워질 수도 없고, 내 소중한 감정과 마음만 다친다. 대부분이 좋아하는 사람이라도 싫어하는 사람들이 있다. 그런 사람들은 어떻게든 싫어할 이유를 찾기 때문에 노력을 한다 하더라도 절대 그 사람들의 마음을 돌릴 수 없다. '걔 너무 친절해, 가식적이야.' '걔 너무 잘났지 않냐? 재수 없어.' 싫어하려면 얼마든 싫어할 이유를 만들 수 있다. 그러니 그런 사람들에게 맞춰주며 스트레스 받을 바에 그냥 '마이웨이'를 걷자.

❷ 남 사는 얘기에 너무 관심 갖지 마라. 내 인생이 아닌 남의 인생을 살게 된다.

다른 사람들의 얘기를 자주 하다보면, 나도 모르는 새 내 인생이 사라진다. '걔는 어떻대.' '쟤는 어떻대' 이런 저런 얘기를 하다보면 어느덧 그 사람과 내 인생을 비교하고 있는 나를 발견한다. 남의 얘기 자주 해봤자 남는 건 하나도 없다. 내 인생 살기에도 바쁘고, 해야 할 일이 첩첩산중이다. 자신이 아닌 다른 사람들의 삶을 꿰뚫고 있는 정보통들이 있다. 그런데 이런 사람들의 상당수는 자신의 인생이 별 볼 일 없는 경우가 많다. 자신의 삶에서 존재감을 찾지 못하니, 타인의 삶에서 그걸 찾으려 하는 것. 정말 단단한 사람들은 타인의 이야기에 무관심하다.

❸ 과거가 아닌 현실에 살아라.

한 때 잘 나갔던 사람, 과거에 한 가닥 했던 사람, 돈 좀 만져봤던 사람은 생각보다 많다. 그게 사실인지 아닌지는 모르겠지만. 그런데 중요한 건 그 사람의 현재 모습이다. 정확히 같은 말을 하더라도 서울역 노숙자가 하면 그냥 무시하지만, 100억 부자가 하면 어떻게든 의미부여하고 귀담아듣는 게 인간이다. 우리는 과거로 우리를 증명하는 게 아니라, 정확히 현재의 모습으로 우리의 가치를 평가 받는다. 더 이상 의미 없는 추억팔이나, 절대 있을 수 없는 가정을 하며 에너지를 뺏기지 말자. 과거에 얽매여봤자 나만 나약해진다. 중요한 건 현실이다.

❹ 내가 무엇을 상대방에게 줄 수 있을지 고민하라.

내가 어떤 걸 잘하고, 상대방에게 어떤 이득을 줄 수 있는지 정확히 아는 사람들은 멘탈이 강력하다. 자신의 강점을 누구보다 잘 알고 있기 때문이다. 누군가를 만나거나 일을 하는데 있어서도 주도권을 자신이 쥐고 있기에 멘탈이 강력하다. 반면 멘탈이 약한 사람들은 자신이 어떤 걸 잘하고, 상대방에게 이득을 제공할 수 있을 거라는 확신이 없다. 그렇기에 상대방의 사소한 말이나 행동에도 쉽게 흔들리고 스스로의 가치를 의심하게 된다. 그러니 내가 어떤 걸 받을 수 있을지보다 어떤 걸 제공할 수 있을지 고민하라. 내가 누군가에게 베푸는 순간 그 주도권은 나에게 온다.

5

멘탈 강한 사람들이
매일 지키는 4가지 기분 관리법

❶ 일주일에 한 번은 온전히 나를 위한 시간을 가진다.

멘탈 강한 사람들은 자신만의 시간을 반드시 가진다. 멘탈이 약한 사람들의 상당수는 자신만의 시간이 없는 경우가 많다. 그러니 남들의 생각이나 행동에 쉽게 휘둘리게 되고, 그 생각이나 행동이 스스로에게 잘 맞는지 인지할 능력이 없다.

누군가가 '넌 되게 매력이 없는 애야'라고 말하면, 기분 나빠하고 반박해야 하는데, '난 매력이 없나봐'라며 스스로를 자책한다. 이런 사람들에게 가장 필요한 것은 무엇보다 자신만을 위한 시간이다. 정작 남들을 돌보느라 자신을 돌보지 못했기에 스스로 내면의 소리를 듣고 자신이 어떤 사람이고, 어떤 걸 원하는지 여유 있게 돌아보는 시간이 필요하다. 그 과정에서 스스로에 대한 자기 확신을 찾고, 그 자기 확신을 통해 어떤 것에도 흔들리지 않는 단단한 멘탈을 유지한다.

❷ 상대방과 나를 비교하지 않으려 노력한다.

상대방과 나를 비교하지 않을 순 없다. 인간은 애초에 비교할 수 밖에 없는 본능을 타고 났기 때문이다. 하지만, 멘탈이 강한 사람들은 그럼에도 불구하고 비교하지 않으려 노력한다. 비교는 불행의 덫이고, 나보다 뛰어난 사람들은 세상에 정말 많다는 사실을 너무도 잘 알고 있기 때문이다.

이런 경우 멘탈이 약한 사람들은, 자신들보다 못난 사람들, 떨어지는 사람들과 본인을 비교하며 위안 삼는데 이런 경우도 굉장히 위험하다. '나는 그래도 재보단 낫지'의 마인드는 발전을 저해하고 스스로를 퇴보시키는 생각이기 때문이다. 그냥 비교 자체를 하지 않으면 된다. 상대방의 노력과 성취를 존중하고 박수를 쳐주면 되고, 내가 가는 길에서는 그 누구와도 비교하지 않은 채 꿋꿋이 걸어가면 된다. 멘탈이 강한 사람들은 오

로지 과거의 나와만 비교한다. 과거보다 나은 현재를 살고 있다면 그걸로도 충분하다

❸ 힘든 일이 있으면 최선을 다해서 좋은 결과를 얻었던 과거를 떠올리며 힘을 낸다.

멘탈이 약한 사람들은 힘든 일이 있으면 안 좋았던 과거들을 떠올리곤 한다. '아 이때도 이렇게 해서 잘 안 됐던 거 같은데…', '또 이런 일이 생기다니… 그 때처럼 그렇게 또 실패할 거 같아.' 이런 식으로 안 좋은 결과를 받아들였던 과거들만 생각하니 당연히 현재도 잘 안 될 수 밖에 없다. 내가 하는 생각이 현재를 결정하니까.

반면, 멘탈이 강한 사람들은 좋은 결과를 얻었던 과거를 떠올린다. '그래, 그 때 내가 이겨내고 좋은 결과를 얻었었지. 이번에도 잘 해낼거야.', '그 때도 견뎠는데 지금도 못 견디겠어?' 과거의 뿌듯한 경험들을 토대로 스스로에게 자기최면을 건다. 그리고 이 자기최면은 굉장히 긍정적으로 작용해, 보다

나은 미래를 만들어준다. 이처럼 멘탈이 강한 사람들은 긍정적인 생각, 좋은 생각을 하고 그것들을 행동으로 옮긴다.

❹ 항상 주변을 정리정돈 해놓은 상태로 생활한다.
주변이 깔끔해지면 마음도 단단해진다.

정말 큰일을 이뤄내고 싶다면 침대 위 이불부터 정리하라는 명언이 있듯, 멘탈이 강한 사람들은 사소한 자기관리부터 철저하다. 그들은 기분을 관리하기 위해 항상 주변을 정리정돈 해놓는다. 주변이 깔끔해야 본인의 기분도 평온해진다는 것을 잘 알고 있기 때문이다. 주변이 어지럽고 집안이 어지러운 사람들은 본인의 기분도, 마음도 어지러울 수밖에 없다. 그런 것들이 어떤 식으로든 표출되는 것이다. 멘탈이 강한 사람들은 자신의 주변을 기본적으로 깔끔하게 관리한다. 그것이 그들의 가장 좋은 기분 관리법 중 하나다.

6
자존감 높일 수 있는 5가지 방법

❶ 남이 해주는 칭찬을 순순히 받아들여라.

　자존감이 낮은 사람들은 남들이 해주는 칭찬을 그냥 단순히 인사치레라고 생각하거나 오히려 부담을 느낀다. 예를 들어, '너 이거 되게 잘 한다.'라고 하더라도, 자기 기준에서는 한 없이 부족하기 때문에, '이 정도로 왜 잘 한다고 하는 거지?'라고 의문을 갖는 것이다. 이 이유는 스스로에 대한 기준이 한 없이 높고 스스로를 사랑하지 않기 때문에, 살면서 칭찬 받아본 경험이 크게 많지 않기 때문이다.

　이럴 때 가장 좋은 방법은 우선 인정하는 것이다. 자신의 기준에 그 칭찬이 가식적이라고 느껴지거나, 칭찬 받기 충분하지 않다고 인지하더라도 우선 '고마워'라고 받아들이는 연습이 필요하다. 칭찬 받는 걸 쑥스러워하지 말고 우선 감사하게 받은 뒤에 내가 그 칭찬을 돌려주면 된다. '고마워. 너도 이런 이런 부분이 진짜 대단한데?' 라는 식으로 말이다. 스스로의 엄격한 기준으로 본인을 옥죄며 자기 자신을 깎아내리지 말고 본인을 사랑하고 아껴주자. 그게 가장 건강한 자존감 높이는 길이다.

❷ 남들이 나를 어떻게 생각할지를 고려하지 마라.

자존감이 낮은 사람들은 유독 남의 눈치를 많이 본다. 그들은 자신의 행동이나 말이 상대방의 심기를 거스르거나 의견 충돌이 일어나면 어떡하지? 라는 불안감을 많이 갖고 있다. 만약 자신이 1이 맞다고 생각해도, 상대방이 2라고 하면 그냥 1이라고 하면 되는데, 괜히 분란이나 갈등을 일으킬 소지를 주고 싶지 않아 2로 바꾼다. 하지만 자신이 맞다고 생각한 건 1이고, 잘 어울린다고 생각한 게 1이었다면 그냥 1을 하면 된다. 2라고 생각하는 사람들에게 억지로 맞출 필요도 없고, 맞춘다고 한들 잘 안 맞춰진다. 그러니, 그냥 무례하지 않은 선에서 본인이 생각하고 말한 대로 살아가면 된다. 명심하자. 남들 눈치 신경 쓰고 배려한다고 스스로를 잃는 게 가장 바보 같은 짓이다.

❸ 상대방이 그냥 툭 던진 말은 그걸로 끝내라.

'너 요즘 좀 변했다?' '예전에는 안 이랬었잖아.' 상대방이 그냥 툭 던진 말에 어렵게 날개를 펼치려하다가도 금방 접는다. '그래, 뭔가 내가 안 좋은 쪽으로 변하고 있었을 수도 있겠네.'라며, 애써 끌어올렸던 자신감을 다시금 바닥으로 내팽개친다. 그런데 그냥 상대방이 툭 던진 말은 나도 툭 받고 끝내면 된다. 다시 물어보면 '내가 그런 말을 했어?'라며 기억하지도 못할 말 굳이 계속 마음에 담아둘 필요가 1도 없다. 툭 던진 말은 툭 던진 말로 끝내라. 내 정신건강을 위해서.

❹ 일어나지도 않은 일을 걱정하지 마라.

일어나지도 않은 일을 그렇게 걱정하는 사람들이 있다. '걔가 만약 이러면 어떡하지?' '이런 상황에서 나는 어떻게 대처해야하지? '라며 상상하고 불안해한다. 그러다보면 내가 응당 하는 일, 해야 할 일도 잘 하지 못하게 되고 그런 자신감 없는 모습은 낮은 자존감으로 이어진다. 현재에 충실하고, 일어나지도 않은 일은 걱정하지 마라. 일어나면 그 때 가서 생각하면 된다.

❺ 행복하다면 불안해하지 말고 그 순간 자체를 즐겨라.

행복한데도 굳이 불안해한다. 이 행복이 영원하지 않으면 어쩌지? 이 행복이 금방 깨지면 어쩌지? 최악의 상황을 상상하고 가정하며 스스로를 불행하게 만든다. 그런데 그럴 필요는 1도 없다. 그저 지금의 행복에 최선을 다하고 옆에 함께 있는 사람들에게 감사함을 느끼고 살자. 그런 적극적이고 긍정적인 태도가 나만의 높은 자존감을 형성시킨다.

7

못된 사람들에게
이용당하지 않는 4가지 방법

❶ 내 일 열심히 하기.

　누가 뭐라고 해도 삶의 주도권은 나에게 있다. 다른 사람의 일에 신경 쓸 새 없이 내 일이나 열심히 하며 부지런히 살아가자. 일이 바쁘고 성과를 만들어내기 시작하면, 다른 사람의 얕은 유혹에 넘어갈 일도 없다. 못되고 무능한 사람들은 자신이 능력이 없기 때문에 어떻게든 다른 사람의 능력에 기생하려 한다. 말로는 간이고 쓸개고 다 빼줄 것 같이 하지만, 정작 그 사람의 목표는 나를 이용하고 조종하려는 것이다. 그러니 그런 사람들에게 이용당하지 않기 위해선, 철저히 내 일에 집중하고 최선을 다하자. 명심하자. 내 인생이 바쁘고 보람차면, 상대방의 수가 낮은 유혹에 넘어갈 일도 없다.

❷ 내 기분 열심히 살피기.

다른 사람이 무언가 부탁할 때, 내 기분이 어떤지 잘 살필 필요가 있다. 뭔가 찝찝하거나 기분이 안 좋으면 그건 다 이유가 있다. 도와줄 때는 기분이 보람찬 게 당연하고, 도움에는 보답이 따라오는 게 당연한 것이다. 하지만 그 당연한 것을 지키지 않는 사람들이 꽤 많다. 나의 도움에 감사함을 느끼고 표현하기는커녕, 응당 해줘야 하는 것처럼 여기는 사람들. 오히려 더 안 해줘서 섭섭해하는 기본 예의도 없는 사람들이 있다. 반드시 기억하자. 누군가를 호의로 도와줬지만 그 호의를 당연하게 여기고, 돌아오는 것도 없어 기분이 좋지 않고 애매하다면, 그런 사람들은 반드시 멀리할 필요가 있다. 계속 이용당하고 휘둘리면 나만 호구된다.

❸ 나부터 챙기기.

내 코가 석자인데 남부터 도우려는 사람들이 있다. 물론 봉사나 선한 마음을 폄하하는 건 아니다. 그런 사람들은 자신의 시간과 재능으로 남들을 도와주는 게 그 사람들의 삶의 가장 큰 의미이자 가치이니까. 하지만 그렇지 않다면 각박한 세상에서 일단 나부터 챙기고 내가 똑바로 서야 한다. 마음에 여유가 있어야지 세상을 보는 시야가 넓어지고 지갑에 빈틈이 없어야지 못된 사탕발림에 넘어가지 않는다. 나 자신이 단단하면 다른 사람이 아무리 이용하고 흔들려고 해도 절대 흔들리지 않는다. 내 의견과 생각을 당당히 표현하자. 한 번은 속을지라도 두 번은 속지 말자. 나와 가장 가까운 사람은 나임을 기억하자. 내 기분과 마음을 가장 먼저 생각해야 한다.

❹ 강하게 나가기.

내가 아니라고 생각되는 부분에서는 단호하게 아니라고 말할 수 있는 용기가 있어야 한다. '이것도 못 해줘?' '이건 해줘야지'라고 무의식중에 나를 조종하려 하는 못된 사람들에게는 서로의 관계가 무너지거나 어색해질 가능성이 있더라도 자신을 지키기 위해 강하게 나가야한다. '아, 그치.. 얼른 해 줄게.. 미안해.'가 아니라, '그 부분을 왜 당연하게 생각하는 건지 궁금한데 말해줄래?' '내가 왜 그걸 해줘야 하는 거야?'

라는 식으로 강하게 나갈 필요가 있다. 여기서 그냥 해달라고 떼를 쓰는 사람이면 그냥 과감하게 손절하면 되고, '내가 너무 익숙하게 생각했었네. 미안'이라고 하는 사람이라면 대화를 하며 잘 풀어 가면 된다. 명심하자. 삶의 주도권은 나에게 있다. 절대 못된 사람들에게 그 주도권을 내주지 말자.

8

최악의 인간에게 단 1%의 정신력도
뺏기지 않는 3가지 방법

❶ 무식한데 신념만 가진 사람을 설득하려 하지 마라.

　자신이 믿는 세상이 무조건적으로 진리라고 생각하는 사람들을 설득하기 위해 열 올릴 필요가 없다. 이 사람들에게는 사실이 중요하지 않다. 본인이 생각했을 때 지구가 평평한 거면, 지구는 평평해야만 한다. 지구가 둥글다는 사실을 논리적으로 아무리 설명해 줘봤자 '아니야. 지구는 평평해.'라고 앵무새처럼 같은 말을 반복할 사람들이다. 이런 사람들을 설득하기 위해 내 에너지를 소비할 필요 없다. '아, 그렇게 생각하는구나.'하고 말면 그만이다. 그 자리에서만 열심히 듣는 척하고 다음부터는 굳이 만날 필요도 없다.

❷ 반박병 걸린 사람에게 굳이 애쓰며 시간 낭비하지 마라.

뭐만 하면 '아닌데?' '그게 왜 그렇게 되는 건데?' '반대 경우도 고려해봐야지'라며 끊임 없이 반박하고 태클하는 사람들이 있다. 그런 사람들에게 짜증을 내며 재반박을 한다고 하더라도 그 사람들은 다시 반박을 할 것이다. 이 사람들의 가장 큰 목표는 나를 화나게 하는 것이니까. 상대의 얕은 도발에 넘어가는 순간 그들은 속으로 쾌재를 부를 것이다. 그러니 그런 사람들에게 먹잇감을 제공하지 말고 시간 낭비하지 마라. 그게 나의 정신력을 지키는 가장 좋은 방법이다.

❸ 상대의 막말을 결코 흘려보내지 마라.

최악의 인간들은 충고를 가장한 예의 없는 비난을 스스럼없이 한다. '너 살 좀 빼. 진짜 돼지 같아. 내가 걱정돼서 하는 말이야.' 애매하게 걱정을 해준다라는 식으로 마무리를 하며 얌체 같이 빠져나갈 구멍을 만든다. 이런 식의 막말을 흘려보낸다면 상대는 당신을 계속해서 호구로 보고 정신력을 빼앗아 갈 것이다. 그 때는 단호하게 대처하는 태도가 필요하다. '내가 살을 빼는 게 너의 걱정거리와 어떤 상관이 있어?'라고 묻거나, '내 기준에서 그건 걱정이라기보다는 비난으로 들리는데 어떻게 생각해?'라고 상대에게 되물어야 한다. 상대의 막말을 그대로 흘려보내면 그 사람들은 당신을 막말해도 큰 상관없는 존재라 생각하고 계속해서 선을 넘을 것이다. 단호하게 말하며 상대에게 '지금 당신은 무례한 행동을 하고 있습니다.'라는 걸 직접 인지할 수 있게 대처해야한다.

9

감정기복을 줄일 수 있는 4가지 방법

❶ 스스로에 대한 자책을 줄여라.

감정기복이 심한 사람들은 대개 상대방보다 스스로에게 화가 나는 경우가 많다. 스스로에 대한 기준이 높기에 그 자책도 심하게 하는 것이다. 하지만, 스스로에 대한 자책은 해서 좋을 게 하나도 없다. 본인 스스로를 믿지 못하고, 사랑하지 못하는 사람에게 매력을 느끼는 사람은 아무도 없다. 스스로에 대한 높은 기준을 조금만 낮추고, 스스로를 자책하기보다는 칭찬하는 연습을 하자. '나 왜 이것밖에 못 했지? 아.. 진짜 쓸모없네.'라고 하는 게 아니라, '아쉽지만, 이 정도면 잘했지. 다음에 좀 더 잘하자. 고생했어.'라며, 스스로의 성취와 그 과정을 칭찬하는 연습을 하면 좋다.

❷ 기분이 안 좋은 근원을 찾아라.

어떤 것이든 그 원인을 찾아야 한다. 한 순간 화가 나거나 슬퍼지는 이유는 다양하다. 누군가는 어린 시절 부모님에게 사랑을 못 받고 자라, 연인이 잠깐이라도 연락이 되지 않으면 불같이 화를 내거나 또 누군가는 '넌 진짜 쓸모 없어'라는 전 직장 상사에게 트라우마가 생겨, 누군가가 자신을 무시하거나 깔보는 순간 분노를 폭발시키기도 한다. 순간적으로 감정기복이 심해질 때는 '괜찮아지겠지'라고 스스로에게 의미 없는 위로를 하거나, '미안, 내가 욱하는 성격이라서..'라며 상대방에게 뒤늦은 사과를 하는 것보다는 그 감정의 근원을 찾는 게 중요하다. 내가 어떤 것 때문에 그런 감정에 폭발하는지, 내가 어떤 일 때문에 그런 기분에 끌려가는지 솔직한 나를 마주보고 감정을 대하며, 그 감정을 해결하기 위한 노력을 해야 한다.

❸ 하루에 30분 이상 운동해라.

운동은 엔돌핀을 솟게 하고, 에너지를 돋구며 체력을 증진시키고 인생을 행복하게 만들어준다. 기분이 안 좋을 때나 우울할 때 밖을 30분 정도 산책하는 것만으로도 훨씬 더 기분이 나아지는 경험을 해본 적이 있을 것이다. 이처럼 몸을 움직여 땀을 내고 활동성을 부여한다면 우리가 하던 고민과, 크게 생각하던 감정이 정말 아무 것도 아니었구나라는 걸 느끼게 된다. 주기적인 운동은 감정의 평온함을 가져다준다.

❹ 좋은 사람들과 많은 시간을 보내라.

나와 잘 맞는 정말 좋고 편한 사람들과 많은 시간을 보내라. 나의 약한 모습을 기꺼이 보여줄 수 있고, 그런 내 모습조차 100% 받아들여주고 걱정해주며 더 나은 방안을 같이 생각하고 해결해나갈 수 있는 그런 사람들. 그런 사람들과 나의 트라우마나 아픔을 공유하면서 적당한 해결책을 찾아나간다면 감정 기복은 차츰 해결된다. 굳이 그렇게 해결책을 찾지 않더라도 그런 사람들과 함께 있으며 행복감을 느낀다면 감정의 기복도 훨씬 더 줄어들 것이다.

10
잘 배운 사람들만의 스트레스 극복법

❶ 관계의 거리두기.

친하다는 이유로 '우리 모든 걸 다 알아야 돼, 공유해야 돼.'라는 가치관을 강요하는 사람들이 있다. 어릴 땐 그런 게 당연하고, 그래야 진짜 친한 사이라고 생각했지만 나이가 들면 들수록 그런 사람들이 훨씬 더 부담되고, 또 그런 사람들을 피하게 된다. 잘 배운 사람들은 인간관계에서 스트레스를 최대한 으로 줄이기 위한 방법으로 '관계의 거리두기'를 실천한다. 많은 사람들과 함께 있으면 필연적으로 에너지를 뺏기고, 또 그렇다고 혼자 있으면 외로워지고 우울해질 수 있다. 잘 배운 사람들은 이 적정선을 잘 지키며 관계에서 일어나는 스트레스들을 최소화한다.

❷ 명상.

많은 스트레스를 받으면 더더욱 스스로를 돌아볼 여유를 잃게 된다. 일에 치이고, 삶에 치이고 관계에 치이다보면 많은 걸 놓치고 산다. 하지만 잘 배운 사람들은 무엇보다 자기 자신의 내면을 들여다보는 시간을 중시한다. 그들은 스트레스를 받을 때 가만히 앉아 자신만의 시간을 갖는다. 생각을 온전히 집중하고 객관적으로 스스로를 바라보는 과정을 갖는 것이다. '이 스트레스는 어디에서 오는 것일까.' '내가 이 스트레스를 해결하기 위해서는 어떤 마음가짐을 가져야할까?' 같은 긍정적인 질문을 스스로에게 던지며 해결책을 찾는 것이다. 잘 배운 사람들은 스트레스를 받을 때 그 스트레스를 회피하기보다, 명상을 통해 스스로에 집중하고 스트레스를 직면해 극복한다.

❸ 감정일기 쓰기.

자신의 현재 감정을 있는 그대로 적어보고, 그 일기를 통해 자신이 어떤 기분인지 스스로 알아차린다. 스스로의 기분을 느끼는 것과 적어보는 것은 천지차이다. 적어봄으로써 현재 내가 어떤 기분인지 정확히 알 수 있다.

❹ 셀프칭찬하기.

잘 배운 사람들은 스스로를 아껴주는 방법을 안다. 많은 사람들이 스스로를 칭찬하는 데 어색해한다. 심지어 남들이 본인을 칭찬해도 '아니에요.'라며 쑥스러워 하는 게 일상이다. 하지만 잘 배운 사람들은 스트레스를 받을 때 스스로를 칭찬한다. '지금 이게 힘든 게 맞아. 하지만 이겨낼 수 있을 거야. 지금까지 잘 해왔잖아. 앞으로도 잘 해내자.'라는 식으로 스스로에게 마법을 건다. 이 효과는 생각보다 크다. 결국 스트레스를 이겨내는 것은 본인의 의지다. 그 의지를 굳세고 강하게 만들어주는 것은 스스로에 대한 확신이고. 그 강한 확신을 갖기 위한 가장 좋은 방법은 셀프칭찬이다. 잘 배운 사람들은 이걸 너무나도 잘 알고 있기에 어떤 스트레스도 능히 이겨낸다.

11
몸이 보내는 우울증 신호 3가지

❶ 생활 습관 변화.

갑자기 잠이 안 오거나, 늘상 해왔던 평범한 일들이 평범하지 않게 된다. 아무렇지 않게 만났던 사람들도 잘 못 만나게 되고, 뭔가 마음이 크게 요동친다. 생활 습관이 급작스레 변화했다는 것은 몸이 보내는 우울증 신호 중 한 가지다. 뭔가 마음이 힘들거나, 인간관계에서, 일에서 큰 문제가 벌어졌을 때 이런 증상이 나타난다.

❷ 의욕저하.

계속해서 피곤하고 무기력하다. 그러다보니 어떤 걸 하려해도 의욕이 나지 않는다. 난 무엇이든 할 수 있어라며 열정 넘치던 때와 달리, '내가 어떤 걸 하겠어..' '나 따위가 뭘...' 이라며 스스로에 대한 불확신이 생기고, '이거 해봤자 뭐하나.'라는 생각을 한다. 삶의 의욕이 저하되면 계속해서 우울해지고 침울해지며, 어떤 일이든 손에 잡히지 않고 힘겹게 하루하루를 살아가게 된다.

❸ 부정적 생각.

반추라는 개념이 있다. 이는 되새김질이라고 하는데, 우울증 신호가 온 사람들은 이 반추를 굉장히 부정적으로 한다. 예전에 실패했던 경험들, 열심히 했으나 아무런 결과가 없었던 일들로 '나는 이번에도 안 될 거야.' '난 못해.'라며 스스로를 깎아내린다. 실패에 대한 경험들에서 긍정적인 배움을 찾고 앞으로 나아가야 발전을 하는데, 자신이 실패했다는 그 사실만 붙잡고 스스로를 힘들게 한다.

하지만 우울증이라는 것은 애써 회피하려 한다고 어떻게든 극복하려 한다고 해결되는 문제가 아니다. 우울증이라는 그 감정 자체를 어떤 태도로 내가 받아들이느냐가 가장 중요하다. 이 때 핵심은 '내가 우울하구나.' 라는 사실을 인정하는 태도다. 우울증이라는 게 부끄럽고 창피해서 그런 것들을 계속 숨기고 방치하면 더 큰 우울로 번질 수도 있다. 그렇기에 우울감을 스스로가 인지하게 하고 자신의 마음이 자연스럽게 흘러가도록 하자. 우울을 있는 그대로 받아들이며, 애써 극복하려고 노력하기보다는 '내가 지금 우울하구나.' '요즘 많이 힘들었구나.' 라며 스스로를 다독여주고 따뜻하게 위로해주는 시간이 필요하다. 다른 사람들을 챙기느라 정작 우리 자신을 챙기지 못했다면, 오늘만큼은 자신을 돌이켜보고 따뜻하게 안아주는 시간을 가지면 어떨까. 내가 내 편이 되어주지 않으면 아무도 나의 편이 되어주지 않는다. 그 누가 뭐라고 하더라도 내 인생에서 가장 중요한 건 '나 자신' 이다.

마음 그릇이 넓고
성숙한 사람들이 가진 3가지 마음가짐

❶ 역지사지의 태도.

정신연령이 어리고, 마음그릇이 작은 사람들은 내로남불의 태도를 결코 버리지 못한다. 예전에 다른 사람들의 얼굴품평을 그렇게 하던 친구가 있었다. 걔는 8점, 걔는 5점 이런 식으로 하길래 참다못해, '그럼 너 얼굴은 몇 점이야?'라고 하니, 얼굴을 붉으락푸르락하면서 화를 냈다. 자신을 공격하는 것처럼 느꼈던 것이다. 자신은 그렇게 쉽게 상대방에게 상처를 주면서 남들이 그런 낌새라도 보이는 건 절대 참지 못한다. 그러니 이런 사람들 주변에는 당연히 사람이 없다. 철저히 본인의 기준으로 인생을 살고, 그 기준이 본인의 입맛에 맞춰 시시각각 변하기 때문이다. 반면 마음 그릇이 넓고 성숙한 사람들은 항상 역지사지의 태도를 갖고 산다. 이들은 자신이 하는 행동과 말이 상대방에게 어떤 영향을 미칠지를 항상 생각한다. 그렇기에 말을 하거나 행동을 하기 전에 잠깐 멈추고 자신의 말을 들은 상대방의 기분은 어떨지, 그 사람이 행여나 상처받지는 않을지 고민한다. '이 말을, 행동을 내가 누군가에게 들었을 때 과연 기분이 어떨까?'라는 자가 여과장치가 있는 것이다. 마음 그릇이 넓고 성숙한 사람들은 이처럼 자신이 아니라 타인의 입장을 늘 먼저 생각한다. 그리고 그런 따뜻한 마음을 바탕으로 많은 사람들의 마음을 얻고 신뢰를 얻는다.

❷ 완벽주의 부수기.

일에서든 관계에서든 완벽주의는 당연히 좋을 때도 있지만, 많은 기회를 앗아가기도 한다. 예를 들어, 잘 모르는 상대방과의 첫 만남이라면 우선 먼저 말을 걸고, 스몰토크로 대화를 이어나가는 게 필요한데, 관계의 완벽주의가 있는 사람들은 '나는 이렇게 보여야 돼.'라는 강박이 있어, 행동이나 말이 어색하거나 뻣뻣하다. 이 만남을 반드시 성사시켜야 해라는 본인만의 강한 신념이 상대방에게 전해지고 상대방은 그로 인해 부담을 느낄 수도 있는 것이다. 마찬가지로 일에서도 그렇다. 완벽주의 성향의 사람들이 항상 하는 말이 있다. '좀 더 완성되면… 좀 더 완벽해지면…' 이런 말로 계속해서 일의 시작이나 마무리를 미룬다. 그리고 이런 사람들은 쓸데없는 높은 기준이 있어 함께 일을 하는 사람들을 힘들게 한다. 그들의 완벽주의적 기준에서 다른 사람들의 실력은 미천해 보이기 때문이다. 그러나 마음 그릇이 넓고 성숙한 사람들은 일에서나 관계에서나 완벽주의를 깨부순다. 자신이 빈틈이 없어보여야 한다라는 강박이 없기에 상대방과 오히려 훨씬 더 편하고 즐겁게 대화할 수 있다. 일에서도 완벽하게 무언가를 해야 한다는 신념보다는, 일단 시작하고 발전시켜 나가 보자라는 마인드로 일을 한다. 처음부터 잘 할 수 없고, 완벽하게 할 수 없다는 걸 너무 잘 알고 있기에 다른 사람들에게도 관대하고 같이 힘을 모아 일을 해나간다.

❸ 관계의 단호함.

친절하되 단호하다. 어떤 관계에서든 친절하게 대하지만, 그 사람이 무례하거나 호의를 당연하게 생각하는 순간, 그걸로 스트레스 받거나 마음 쓰지 않고 단호하게 잘라낸다. 한 번 그렇게 선을 넘은 상대는 앞으로도 쉽게 선을 넘는다는 것을 너무 잘 알고 있기 때문이다. 무엇보다 자기 자신의 마음을 지키는 게 가장 중요하다고 생각하고, 또 그런 사람들에게 쓸 동력을 다른 좋은 사람들에게 쓰는 게 훨씬 더 효율적이고 서로에게 도움 된다는 것을 잘 알고 있다.

4장

인생

남의 시선 신경 쓰지 말고,
내 인생을 꿋꿋하게 살아가라.

1
인생을 행복하게 만드는 3가지 습관

❶ 매사에 감사하자.

인생을 행복하게 사는 방법은 별 거 없다. 매사에 감사하고 최선을 다하면 된다. 뜬구름 잡는 소리로 들릴 수도 있지만 명백한 사실이다. 누군가는 억만금을 갖고도 불행해하고, 누군가는 평범하게 살면서도 충분히 행복해한다. 이 둘의 결정적인 차이는 무엇일까? 전자는 억만금을 가졌지만, 만족하지 못하고 더 많은 것을 가지려 욕심낸다. 그렇기에 이들은 항상 계속해서 갈망한다.

누군가가 봤을 땐 정말 완벽한 인생이지만, 이들은 정작 자신의 인생을 불행하다 여긴다. 반면 평범하게 살면서도 충분히 행복감을 느끼는 사람들은, 매사에 감사할 줄 아는 사람들이다. 평범하게 살지만, 자신이 좋아하는 취미를 시간 날 때마다 할 수 있고 자신이 힘들다고 하면 멀리서 달려와 술 한 잔 하며 나의 고민을 들어주는 친구도 있다. 아침에 일어나 맑은 하늘을 보는 것도 행복하고, 선선한 바람이 불어와 코끝을 간질이는 것도 행복하다. 매사에 감사하는 습관을 가진다면 절로 행복해진다. 진정한 탐험은 새로운 땅을 개척하는 것이 아니라 새로운 시야를 갖는데 있다. 내가 시야만 바꾸더라도 내 주변에 행복할 것들이 차고 넘친다.

❷ 배울 수 있는 기회를 찾자.

취미가 많은 사람들은 취미가 없는 사람보다 인생이 훨씬 더 행복하다. 어떤 상황에서든 즐길 수 있는 능력이 있기 때문이다. 예를 들어, 우연히 수영장에 갔다고 쳐보자. 수영을 취미로 했던 사람은 수영장에서 즐거운 시간을 보내겠지만 수영을 못 하는 사람은 그냥 물 안에 들어가 있거나 물이 무서워, 안에 들어가지도 못하고 밖에서 발만 동동 구를 수도 있다. 또 친구들과 펜션에 놀러갔는데, 펜션 안에 기타가 있다면 취미로 기타를 치는 사람은 분위기를 즐겁게 띄우며 자신도 행복해지겠지만, 그렇지 못한 사람은 그냥 '기타가 있구나.' 정도로만 끝날 수밖에 없다. 그렇기에 배움은 곧 즐거움이고, 그 배움으로 인한 다양한 취미거리들이 내 삶의 큰 행복 요인이 된다. 어떤 것이든 익힐 때는 힘들 수도 있지만, 막상 배우고 나면 나에게 정말 큰 행복감을 가져다준다.

❸ 사람들을 사랑하고 이해하자.

삶에 있어 가장 힘든 것은 바로 인간관계다. 오래 알고 지냈던 사이가 한 순간에 작은 실수로 인해 갈라지기도 하고, 내가 이해하지 못하는 이유로 나를 싫어하거나 나를 멀리하는 사람들 때문에 마음이 아프고 힘들어지기도 한다. 그런 일을 자주 겪다보면 사람이 싫어지게 된다. 하지만 그럼에도 불구하고 우리는 기본적으로 사람들을 사랑하고 이해해야 한다. 인간은 더불어 살아가는 존재이고, 그 안에서 사람들과 상호작용을 하며 행복을 느끼기 때문이다. 그러니 마음을 관대하게 갖고 상대방을 선한 눈으로 보려 노력하자. 설령 나에게 조금 서운하게 대하거나 섭섭한 행동을 하더라도 '그럴 수 있지'라며 여유롭게 넘어가주자. 그게 나와, 상대방의 행복을 위해 가장 필요한 태도다.

2
남들 신경 안 쓰고 자기 인생 잘 살아가는 사람들의 공통적인 4가지 특징

❶ 자기가 하고 싶은 일이 명확하다.

남들 신경 안 쓰고 자기 인생 잘 살아가는 사람들의 공통적인 특징 중 하나는 하고 싶은 일이 명확하다는 것이다. 하고 싶은 일이 명확하지 않고 애매하면 남들의 시선을 굉장히 많이 신경 쓴다. '이거 뭔가 사람들한테 얘기하기 좀 그런데…', '이거, 돈은 될라나?' 사회적인 기준이나 사람들의 시선에 따라 직업이나 꿈을 선택한다. 그러다보면 당연히 그것을 지속하기는 힘들다. 자신이 진정으로 원해서 하는 게 아니기 때문이다. 간절하지 않다.

반면에 남들 신경 안 쓰고 자기 인생을 꿋꿋이 잘 살아가는 사람들은 그런 것 따위 중요하지 않다. 강력한 자기 확신이 있고, 하고 싶은 일이 정말로 명확하기 때문에 누가 뭐라고 한들 나는 내 갈 길 간다 마인드로 꿋꿋이 목표를 향해 걸어간다. 얼마나 돈을 많이 버는지, 사회적으로 얼마나 인정을 받는지 그런 것보다는 자신의 가슴이 뛰는지, 자신이 이 일을 할 때 진정으로 행복한지가 우선이다. 그렇기에 남들 신경 쓸 시간에 일에 집중하고 몰입하는 게 훨씬 더 남는 장사라는 생각이 확고하다.

❷ 아쉬움이 크게 없다.

그들은 바쁜 와중에서도 지금 삶에 만족하기에 아쉬움이 없다. 남들은 '아, 해봐야지.', '아… 했어야 했는데.'라며 뒤늦게 후회하는 것들을, 어떻게든 시간을 내서 경험해봤기에 당장 지금 죽어도 '재밌는 인생이었다.'라며 깔끔하게 눈 감을 수 있는 것이다. 우선적으로 도전을 한 뒤, 잘 맞으면 계속해서 그것들을 삶에 추가해 인생을 훨씬 더 풍요롭게 만들고, 잘 안 맞으면 '이건 나랑 잘 안 맞네.'라고 하며 안 하면 된다. 누군가의 인생 버킷리스트를 그들은 일 년 만에 달성하기도 한다. 특출 난 능력이 있어서 그런 건 절대 아니다. 그들은 두려움을 이겨내고 일단 해본다. 그게 그들의 가장 큰 장점이다.

❸ 기분 관리를 잘 한다.

감정적으로 접근해서 일을 그르치는 것을 절대 하지 않는다. 이 사람들은 기본적으로 자존감이 높아 상대가 자신에게 감정적인 도발을 하거나 시비를 걸어도 그냥 그러려니 하고 넘긴다. 하수들의 얕은 도발에 응해봤자 자신의 소중한 감정 낭비라는 가치관이 확고하기 때문이다. 만약 상대방이 비판이 아닌 무례한 비난을 하더라도 그 비난에 감정적으로 대응하지 않고, '그런 말을 하시는 이유가 뭘까요?'라며 감정을 섞지 않은 채, 무표정으로 물어본다. 감정의 동요를 예상했던 상대방은 그런 반응에 오히려 당황하고 더 이상 그런 행동이나 말을 하지 않는다.

❹ 기대하지 않는다.

어떤 것을 하든 기대하지 않는다. 인간관계에서도 과도한 기대를 하게 되면 실망을 할 수 밖에 없다. 내가 생각하는 상대방에 대한 애정은 6인데, 상대방은 나를 2로밖에 보지 않으면 당연히 상처 받는다. 하지만 내가 애초에 상대방에게 그런 기대를 하지 않으면 상처 받을 일도 없다. 일이나 어떤 경험에서도 마찬가지다. 그들은 애초에 어떤 경험을 할 때 이 경험이 나에게 의미가 있을 것인가, 아닌가만 고려한다. 그렇기에 실패에 대한 기대, 성공에 대한 기대를 하지 않으니 당연히 도전을 두려워하지 않을 수밖에 없다. 이런, 삶에 대한 적극적인 태도가 그들의 인생을 더욱 풍요롭게 만들어준다.

3

인생에서 가장 부질없고 쓸데없는 3가지

❶ 잘 맞지도 않는 사람들과 인맥을 유지한다는 명목으로 많은 시간을 보냈던 것.

함께 있으면 어색하고 불편한 사람들과 많은 시간을 보냈던 과거를 돌이켜보면 참 부질없었다라는 생각이 든다. 예전에는 대단하고 잘 나가는 사람과 많은 시간을 보내는 게 나의 자랑거리였다. '너 그 사람 알아?'라고 하면, '응, 나 어제 술 한 잔 했지.'라고 자신 있게 말했을 때, 사람들의 부러움 섞인 시선이 유독 좋았다. 그러나 환경이 다르고 수입이 다르고 하는 일이 다르면 처음 한 두 번은 서로가 신선하기에 만날 수 있다쳐도, 그 만남이 계속해서 유지되기는 정말 힘들다. 나중에는 무리가 되는 돈을 쓰면서까지 그 사람들과의 주기적인 만남을 유지했는데, 지금 그 중에 연락을 아직까지 하고 지내는 사람은 단 한 명도 없다. 함께 있을 때 맞지 않는 옷을 입은 것 같이 불편한 사람들과 언제 끊어질지 모르는 위태로운 관계를 유지하는데 많은 시간을 쓰기보다는, 함께 할 때 비로소 나다워질 수 있는 사람들과 많은 시간을 보내자.

❷ 이미 다 끝난 일을 후회하는 데 많은 에너지를 쏟은 것.

후회는 가장 쓸데없는 것이다. '그 때 내가 그 주식을 샀어야 됐는데…', '아, 3년 전에 부동산 대출 껴서 샀더라면…' 가정은 누구나 할 수 있다. 중요한 건 현실이다. 그런데 과거의 아쉬운 선택에 대한 후회를 몇 년 후인 지금까지도 계속 하는 사람들이 있다. 그런 사람들을 보면 '와, 한 때 진짜 잘 나갔구나'라는 감탄을 하기보다는 그냥 '안타깝다', '불쌍하다'라는 생각이 많이 든다. 과거에 대한 얘기를 많이 꺼내는 사람들은 현실에 대한 아쉬움이 짙은 사람들이다. 과거 얘기를 꺼내봤자, 변하는 건 아무것도 없다. 그 시간에 차라리 현실을 빨리 깨닫고 뭐라도 하는 게 장기적인 인생 레이스에 훨씬 더 도움 된다.

❸ 관계를 잘라내는 것보다
이어가는 것에 더 초점을 맞췄던 것.

전화번호부에 등록된 사람 숫자가, 나의 지위라고 생각했던 적이 있었다. 그러다보니 관계를 단단히 다지기보다, 우선적으로 관계를 늘리는데 집중했고 그렇게 형성된 많은 관계들에서 알게 모르게 스트레스를 많이 받을 수밖에 없었다. 몸은 하나인데 아는 사람은 여러 명이다보니, 깊은 관계는커녕, 일 년에 한 번 볼 수도 없는 사람들이 대부분이었다. 그렇게 관계를 만드는 데만 급급하다보니, 정말 소중한 주변 사람들이 내 곁을 많이 떠나게 됐다. 아는 사람은 많은데 정작 힘들거나 지칠 때 연락할 사람 하나 없다는 게 아이러니했다. 내 정신건강을 위해서라면 잘 맞지 않는 사람들, 나를 불편하게 만드는 관계를 애써 유지하기보다, 과감히 잘라내는 게 맞다. 행복한 삶을 위해선 인맥의 양보다는 질이 훨씬 더 중요하다.

4

살다보면 120% 공감 가는 인생 명언

❶ 인간관계 2:6:2 법칙.

10명이 있으면 2명은 날 싫어하고 2명은 날 좋아하며 6명은 나에게 크게 관심이 없다. 내가 다 맞춰준다고 하더라도 나를 싫어하는 2명은 어떻게든 나를 싫어할 이유를 찾는다. 그러니 하고 싶은 게 있으면 눈치 보지 말고 해라. 남들의 눈치를 살피느라, 자기 인생을 셀프 통제하는 것만큼 어리석은 건 없다.

**❷ 좋은 노래와 깔끔한 환경은
내 삶의 질을 3배 이상 상승시킨다.**

아침에 일어날 때, 창문을 활짝 열고 이불을 갠 뒤 감미로운 팝송을 들으면 하루를 훨씬 더 기분 좋게 시작할 수 있다. 집을 깔끔하게 정리정돈하고, 내가 좋아하는 노래를 틀어놓으면 5성급 호텔보다 편안하고 안락해진다.

❸ 느슨한 관계의 힘이 중요하다.

살다보면 10년 지기, 20년 지기보다 처음 만난 사람들이 나에게 큰 도움을 주는 경우가 의외로 많다. 그렇기에 새로운 사람들을 만나는 걸 두려워하지 말자.

❹ 달은 차면 기운다.

힘든 일이 생겼다고 크게 절망하거나 좌절하지 말자. 좋은 일이 온다는 좋은 신호라고 생각하자. 인생사 새옹지마다.

❺ 청결하고 깨끗하기 위해 노력하자.

깔끔하고 좋은 향기가 나는 사람을 싫어하는 사람은 없다. 인간은 후각이 가장 발달되어있다. 가장 기본적인 청결은 항상 중시해도 모자람이 없다.

❻ 스스로의 가치를 발굴하자.

자신의 가치를 타인에게서 찾기보다는 스스로에게서 찾아야 한다. 존재 이유는 남이 아니라 내가 나에게 부여하는 것이다. 남들이 좋아하는 것들, 남들이 나에게 원하는 것들을 하려고 노력하기보다는 내가 진정 좋아하는 것, 내가 진짜 원하는 것을 발견하는데 많은 시간을 투자하고 힘쓰자. 그게 당신의 엄청난 자존감이 되어줄 것이다.

❼ 인맥에 집착하지 말자.

내가 능력이 있으면 가장 쉽게 얻을 수 있는 게 인맥이다. 내가 능력이 없으면, 나는 인맥이라고 생각했던 사람들은 나를 그저 '그냥 아는 사람' 그 이상 이하로도 취급하지 않는다. 인맥이 아니라 능력을 키우자. 능력이 있으면 내가 산골짜기에서 두문불출해도 어떻게든 찾아올 것이다.

❽ 믿는다고 모든 걸 다 보여주지 말자.

가슴 아프지만, 내가 보여줬던 비밀이 나의 치명적인 약점으로 사용될 수도 있다. 영원한 인간관계는 없다. 굳이 보여주지 않아도 될 것까지 다 보여주며 신뢰를 쌓을 필요는 없다.

❾ 무언가를 할 때는 반드시 최선을 다하자.

설령 좋은 결과가 나오지 않더라도, 그 과정에서 최선을 다했던 경험이 나의 끈기력을 발전시킨다. 뿐만 아니라, 쉽게 포기할 때 배울 수 없었던 것들을 훨씬 더 많이 배우며 성장하게 된다.

❿ 사소한 배려를 하는 습관을 들이자.

식당에서 인사 잘 하기. 미안하다, 감사하다 아끼지 않기. 약속 시간에는 10분 일찍 와서 기다리기. 이런 것들이 모여서 스스로의 이미지를 만든다.

⑪ 목표를 너무 높게 잡지 말자.

충분히 할 수 있는 목표를 잡고, 자주 성취하는 경험을 스스로에게 부여하자.

5
매분 매초 두고두고 되새김질해야 하는
5가지 인생 명언

❶ 배고플 때 장 보지 마라.

❷ 피곤할 때 의자사지 마라.

❸ 화났을 때 답변하지 마라.

❹ 급할 때 결정하지 마라.

❺ 행복할 때 약속하지 마라.

예전에 다이어트를 한답시고, 아침과 점심을 굶고 저녁 한 끼만 먹었던 적이 있다. 그런데 한 끼만 먹는데도 살이 빠지기는커녕 오히려 살이 더 쪘다. 2주 정도 지속하다가 의문이 생겨, 내가 먹은 음식의 칼로리를 계산하기 시작했다. 그러니 놀라운 사실이 발견됐는데, 하루 한 끼만 먹는다라는 생각 때문에, 식사량 조절을 딱히 하지 않았고 그러다보니 평소 저녁보다 3배 이상의 칼로리를 섭취했던 것이다. '나는 한 끼만 먹잖아. 그러니까 이 때 많이 먹어둬야 해.'라는 보상 심리 때문에, 배가 충분히 찼음에도 불구하고 계속해서 먹었다. 이러니 당연히 다음날 속이 안 좋고, 얼굴은 부었으며 살이 찔 수밖에 없었다.

인생도 이와 마찬가지다. 내가 어떤 '결핍'을 느낄 때 무언가를 선택하거나, 이성적이지 않고 감정적일 때 무언가를 결정하면 그 선택과 결정은 대부분 잘못될 경우가 크다. 바디프로필을 찍기 위해 극한으로 자신을 몰아붙였던 사람들이, 바디프로필을 찍고 난 뒤 보상심리로 인해 일주일 만에 본인 평균 체중보다 더 살이 찌는 경우도 이런 결핍과 비슷한 감정이다. 물론 바디프로필은 특수한 경우라 하지만, 인생에서 결핍을 느낄 정도로 스스로를 밀어붙이기보다는 중심을 잡고 밸런스를 맞추면서 천천히 무언가를 진행하는 태도가 필요하다. 이렇기에 어떤 결정을 할 때는 숨을 고르고, 평온한 감정을 유지한 뒤 선택을 하는 게 맞다. 감정이 평온하지 않고 흔들리거나, 일반적이지 않은 상황에서는 누구나 이성적이지 않고 감성적이게 된다. 그렇기에 평소라면 거들떠도 안 봤을 것들에 마음을 뺏기거나, 관심을 가지기도 하고 충동적으로 어떤 행동이나 말을 하기도 한다.

이 심리는 '보상'과도 관련이 있다. 내가 이렇게 피곤한데, 내가 이렇게 배고픈데, 내가 이렇게 화가 났는데, 내가 이렇게 급한데, 내가 이렇게 행복한데 이 정도는 괜찮겠지라며 스스로에게 심리적 보상을 주는 것이다. 하지만 그러면 그럴수록 우리는 우리 스스로를 통제하고 컨트롤해야 한다. 자칫하면 스스로에 대한 주도권을 잃고 감정에 휩싸여, 한 순간의 잘못된 결정으로 오랜 기간 후회의 늪에 빠져있을 수 있기 때문이다. 힘든 상황은 시련으로 다가오기도 하지만, 도리어 우리 자신을 담금질하고 더욱 강하게 만들 수 있는 기회가 될 수도 있다. 감성에 휘둘리지 말고, 그 상황에 흔들리지 말고 중심을 확실히 잡고, 스스로를 컨트롤하자. 그렇게 만들어진 단단한 자아는, 어떤 시련과 어려움도 굳건히 헤쳐 나갈 힘이 되어준다.

사랑 받고 자란 사람들 특유의
5가지 태도

❶ 주변의 사람들이 더 행복해지길 진심으로 바란다.

사랑 받고 자란 사람들은 자신이 사랑 받고 자랐기에, 상대방에게도 사랑을 줄 줄 안다. 그리고 그 사람들이 자신으로 인해 행복해지길 진심으로 바란다. 그 사람의 말이나 행동에 긍정적인 반응과 진심의 리액션을 보여주며 그 사람이 스스로 주인공이라고 느끼게 만들어준다. 그리고 그로 인해 그 사람의 하루를 행복하게 만들어준다.

❷ 예의바르고 사교성이 좋다.

모난 구석이 없기에 이 사람들은 기본적으로 인류애가 충만하다. 그렇기에 어떤 상황이든 어떤 환경이든 누군가와 격 없이 친해지는 게 어렵지 않다. 모르는 상대방에게 먼저 다가가서 '안녕하세요. 반갑습니다.'라고 웃으며 인사한다거나, '어떻게 오셨어요? 저는 친구 소개 받고 왔어요.'라는 식으로 대화의 물꼬를 틀며 상대방을 편안하게 해준다. 이들은 특유의 에너지로 상대방의 경계와 의심을 깨는데 탁월한 재능을 보여준다.

사람에게 접근하는 방식이 철저한 이해관계가 아니라, 그저 '나는 당신과 친해지고 싶습니다. 당신이 좋습니다.'이기에 싫어하는 사람들이 거의 없다. 뿐만 아니라 웃어른을 공경할 줄 알고, 기본적인 예의범절이 굉장히 뛰어나다. 내가 대접하는 만큼 상대방도 나를 대접해준다는 걸 너무나도 잘 알고 있기 때문이다.

❸ 주어진 역할에 최선을 다하고 책임감이 있다.

자신의 몫은 무조건 잘 해내고, 어떤 일을 맡아도 '아, 이걸 나한테 왜 시켜'라기보다는 '어떻게 해낼 수 있을까?'라는 긍정적인 고민을 한다. 그렇기에 당연히 해결할 수 있는 방법들을 스스로 찾고, 자신의 임무를 100% 완수한다. 사랑 받고 자란 사람들은 자신이 소중하고 어떤 것이든 잘 해낼 수 있는 존재라는 스스로의 확신이 있기에 문제 해결 능력도 굉장히 뛰어나다. 자신이 맡은 일을 내팽개치지 않고 끝까지 고민하고 연구하며 해결할 방법을 찾기에 이런 사람들은 어떤 일을 맡겨도 해낼 수 있을 것 같은 신뢰감을 듬뿍 준다.

❹ 미안하다는 말과 감사하다는 말을 아끼지 않는다.

자신의 잘못을 뉘우치고, 상대방을 인정하는 게 자신에게 손해이고 얕보이는 행위라고 생각하는 사람들도 있다. 하지만, 사랑 받고 자란 사람들은 미안하다는 말과 고맙다는 말이 관계를 더 발전시킨다는 걸 너무나도 잘 알고 있다. 한 순간의 자존심을 지키는 것보다 평생의 단단한 관계 형성이 훨씬 더 가치 있다는 것을 뼈저리게 이해하고 있기 때문이다. 그래서 그들은 알량한 자존심을 지키지 않고, 자신이 잘못한 부분이 있다면 겸허히 인정하고 사과하며, 자신이 도움을 받은 일이 있다면 작은 일이라도 꼭 감사하다는 인사를 잊지 않는다. 이런 겸손하고 배려 깊은 태도가 그 사람의 좋은 이미지를 형성한다.

❺ 상대방의 단점이 아닌 장점을 본다.

사람을 볼 때 단점만 보는 사람들이 있지만 사랑 받고 자란 사람들은 특유의 예쁜 눈으로 사람들의 장점을 본다. 누군가는 예민하다라고 느낄 수 있는 부분을 섬세하다라는 단어로 표현하거나 싸가지 없고 별로야라고 할 수 있는 부분을 '그래도 자유로워 보이고 본인의 주관을 확실하게 표현하던데?'로 치환한다. 이렇게 단점이 아닌 장점을 보며 상대방을 인정해주기에 상대방도 이런 사람들을 좋아할 수밖에 없다.

7

내 삶을 일으켜주는
긍정적인 5가지 말습관

❶ 나는 뭐든지 해낼 수 있어.

때로는 자기 자신에 대한 근거 없는 확신이 필요하다. 정말 힘들었던 시절, 매일 아침 거울을 보며 '나는 뭐든지 해낼 수 있다'라는 다짐을 했다. 그렇게 한 달 정도 지났을까, 놀라운 일이 벌어졌다. 그 전까진 그렇게 찾아도 안 오던 좋은 기회들이, 먼저 찾아왔고 그 기회를 잡아 훨씬 더 나은 삶을 살 수 있게 됐다. 스스로가, 스스로에 대한 확신이 있어야 좋은 기회도, 좋은 사람들도 자연스레 찾아온다. 힘들면 힘들수록 자기 자신에게 되뇌어보자. '나는 뭐든지 해낼 수 있다.'

❷ 나는 매일 매일 발전하고 있어.

내가 매일 매일 발전하고 있다는 걸 육안으로 확인하기는 힘들다. 계속해서 제자리걸음을 걷는 것만 같고 열심히 해도 성과가 잘 나지 않아 불안하기도 하다. 하지만 단언컨대 열심히 하는 그 순간 나도 모르는 새 꾸준하게 안에서 경험치가 쌓이고 있다. 그리고 그 경험치는 한순간 폭발해 놀라운 성과를 가져다준다. 그렇기에 하루하루 큰 변화가 없다고 너무 좌절하거나 힘들어하지 말자. 그 어려운 시기를 견디기 위해 '나는 매일 매일 발전하고 있어.' 라며 스스로에게 주문을 걸어보자. 훨씬 더 겸허히 그 시기를 대처하고 지나갈 수 있을 것이다.

❸ 나는 가치 있는 존재야.

스스로의 가치를 의심하거나 부정하는 순간, 절대 발전하거나 삶이 나아질 수 없다. 나의 가치평가는 무엇보다 내가 하는 것이다. 내가 나를 가치 있다 여기면, 남들도 나를 가치 있게 생각하고 내가 나를 무가치하다 여기면, 남들도 나의 가치를 몰라볼 수밖에 없다. 내가 못하는 것, 부족한 것만 찾지 말고 내가 잘하는 것, 내가 좋아하는 것들에서 나의 가치를 스스로 찾자.

❹ 나는 나만의 길을 걷고 있어.

인간은 비교하는 존재기에 어쩔 수 없이 상대방과 나를 비교하게 된다. 같은 나이의 누구는 의사가 됐고, 같은 나이의 누구는 집을 샀으며, 또 같은 나이의 누군가는 원하는 꿈을 이뤘다. 그런 사실들을 보며 '나는 지금 과연 뭘 하고 있지?'라는 의구심이 들기도 하고, '이렇게 사는 게 맞는 건가?'라며 삶에 대한 공허함이 찾아오기도 한다. 그럴 때 스스로에게 꼭 다짐하듯 해야 하는 말은 '나는 나만의 길을 걷고 있어'다. 결코 상대방과 비교하지 않고 자신만의 길을 걷겠다는 단호한 신념을 되새기는 것이다.

❺ 나는 나를 믿어주는 사람이 있어.

더불어 살아가며 힘을 얻고, 좋은 관계에서 많은 에너지를 얻는 게 사람이다. 힘들 때마다 나를 믿어주는 가족들, 오래된 친구들, 나로 인해 도움 받아 감사하다고 말해주는 사람들을 떠올리며 힘을 내자. 생각보다 나는 누군가에게 정말 소중한 존재니까.

8

인생을 바꾸는 가장 사소한 3가지 태도

❶ 입 밖에 꺼낸 순간 그건 비밀이 아니다.

'이거 비밀인데… 너만 알아.' 어떤 얘기든 입 밖에 꺼낸 순간, 둘 이상 알게 되는 순간 비밀이 아니다. 내가 상대방에게 비밀을 말하고 싶은 순간, 3초만 고민해보자. 이 비밀을 굳이 말 할 필요가 있는지. 가끔 상대방과 내가 가까워졌다는 이유로, 이 사람과 많은 걸 공유하고 싶다는 충동이 들 때가 있다. 사람들은 친해지고 싶을 때 각자의 솔직함을 드러내기 때문이다. 하지만, 비밀에 있어서는 조금 더 신중할 필요가 있다. 심지어 내 얘기가 아닌 다른 사람의 얘기를 '이거 진짜 비밀이야…'라며 스스럼없이 말하는 순간, 그건 이미 옮겨질 수밖에 없는 운명이다. 그러니 비밀을 말하기 전에 반드시 고민해보자. 경솔한 입이 당신의 수많은 기회를 뺏고 가로챌 테니까. 말할까말까 고민될 땐 참는 게 제일 낫다.

❷ 차라리 눈치 없는 척을 해라.

눈치가 빠른 척을 할 바에는 차라리 눈치 없는 척을 하는 게 훨씬 낫다. 눈치가 없는 척 하는 사람들은 삶의 주도권이 자신에게 있는 사람들이다. 이 상황에서 괜히 아는 척, 눈치 빠른 척 했다가는 자신에게 손해나 더 큰 부담이 올 수 있을 거 같다는 판단을 빨리 한다. 정말 모든 걸 아는 사람과, 정말 눈치가 빠르지도 않으면서 그런 '척'만 하면 다른 사람들이 귀신 같이 알아차리고 그 사람을 멀리하게 된다. 이미 안다고 해도 상대방에게 한 번 더 물어보거나, 상황 파악이 다 됐음에도 불구하고 그 상황에서 자신이 나서봤자 큰 도움이 안 된다면 차라리 눈치 없는 척을 해라.

❸ 사람 바꾸려 하지 말고 사람 구별해라.

의미 없는 인맥에 집착하는 사람들이 있다. 여기서 말하는 의미 없는 인맥이란, 자신에게 부정적인 영향을 주는 '오랜' 지인들이다. 오래 됐기에 어떻게 끊어낼 수도 없고, 또 쌓아온 정과 추억이 있어 챙겨주고 싶고 도와주고 싶기도 하다. 어떻게 보면 애증의 관계와 비슷하다. 하지만 여기서 우리가 반드시 기억해야 할 것은 '사람 쉽게 안 바뀐다'라는 사실이다. 몇 십 년간 그 사람이 고수해온 생활양식과, 가치관은 절대 단기간에 바뀔 수 없다. 본인이 직접 깨닫고 변화하지 않는 이상, 옆에서 하는 조언이나 걱정의 충고는 그 사람 입장에서 오지랖 넓은 간섭, 잔소리로밖에 들리지 않는 것이다. 그래서 사람을 바꾸려 하는 것은 굉장히 비효율적이고 나의 에너지를 많이 잡아먹는 일이다. 그렇기에 사람을 바꾸려 하지 말고, 사람을 구별해라. 모든 사람과 다 좋은 관계를 맺고 싶어 하지 말고, 나와 잘 맞는 사람을 신중하게 나의 기준으로 보고, 그렇게 구별된 사람들과 깊은 유대관계를 쌓아나가라. 명심하자. 인간관계에서 함께 보낸 세월보다 훨씬 더 중요한 건 같은 방향을 보고 걸어가느냐, 가치관이 비슷하느냐다.

9
인생 성공 조언 3가지

❶ 최고의 복수는 무관심이다.

나를 무시하고 경멸했던 사람들에게 어떻게든 복수하려고 내 소중한 시간을 낭비하지 마라. 완전히 잊고 살며 그냥 내가 하는 최선을 다하고 살면 된다. 그런 시간들이 쌓이면 어느새 당신은 그 사람보다 훨씬 더 멋지고 대단해질 것이고, 그 때 그 사람은 당신을 우러러 볼 수 밖에 없게 된다. 나를 힘들게 하는 사람들, 나를 무시하는 사람들에게 하는 최고의 복수는 무관심이다. 마치 세상에 없는 사람인양 취급하며 철저히 내 삶을 살며 내 인생을 가꿔나가면 된다. 이미 끝난 인간관계에 집착하고, 일에 집착하면 나만 손해다. 시간이 지나고 나면 아무 감흥도 없다. 불필요한 문제에 우리의 인생을 소비하지 말자. 인생은 짧고 시간은 유한하다. 당한만큼 갚아주려고 노력하다가, 나에게 온 천금과 같은 기회를 놓치는 우를 범할 수 있다.

❷ 꿈만 꾸지 말고 일에 미쳐야 한다.

현실은 냉정하다. 누구나 방구석에서는 빌게이츠고 스티브 잡스다. 그렇게 꿈만 원대하게 꾸고 정작 현실에서 실천하지 못하면 아무짝에도 쓸모 없다. 우리는 이미, 꿈만 꾸고 생각만 하는 사람들의 비극적인 결말을 너무 잘 알고 있다. 생각으로 증명하는 것이 아니라, 행동으로 자신을 증명하고, 걸어온 발자취와 성취로 자신을 입증해야 한다. 그렇기에 꿈만 꾸고 미래에 대한 달콤한 상상에 젖어있을 시간에, 현실로 돌아와 일에 미쳐야 한다. 현실은 상상과 달리, 잘 되는 것도 없고 '이렇게 하면 쉽게 될 거야.' 라는 안일한 생각도 통하지 않는다. 그렇기에 더더욱 미친 듯 노력하고 어제보다 나은 오늘을 살기 위해 땀흘려야 한다. 명심하자. 성공은 결코 쉽게 이루어지지 않는다.

❸ 남에게 힘든 얘기 털어놓지 마라.

남에게 힘든 얘기 털어놓으면 자기 자신만 손해다. 처음에는 잘 들어주고 진심어린 위로와 공감을 해주던 상대방도, 당신이 계속 힘든 얘기만 하면 지치고 힘들어하고 나중에는 당신을 피할 것이다. 그리고 그렇게 상대를 믿고 했던 힘든 얘기들이 어느 순간 떠돌아다니며 당신의 치명적인 약점으로 작용하기도 한다. 뿐만 아니라, 힘든 얘기를 하는 순간 나는 그 일을 제대로 하지 못한 '변명'을 찾게 되고, '정신승리'를 하게 된다. 모든 사람의 실패에는 사연이 있다. '이게 안 돼서.' '저게 안 돼서.' '열심히 했는데, 운이 따르지 않아서.' 등등. 하지만, 진짜 성공한 사람들은 실패를 할 수 밖에 없었던 불가피한 사연을 만들어 자신을 어필하기보다, 그 실패의 원인을 제대로 분석하고 개발하며 행동으로 증명한다. 명심하자. 힘든 얘기를 자주 하면 상대방도 힘들고, 나도 힘들어진다.

❹ 인맥관리에 쓸 돈 자기계발에 써라.

인맥관리에 쓸 돈 차라리 자기계발에 써라. 우리가 초등학생과 대화를 한다고 생각해보자. 초등학생을 무시하는 건 아니지만, 현재 우리가 겪고 있는 가치관과 인생의 고난을 초등학생들은 이해하지 못할 것이다. 그리고 우리도 그걸 무의식중에 알기에 초등학생의 눈높이에 맞춰 대화를 하게 된다. 처음에야 신선하고 좋을 수 있지만, 결국 시간이 지나면 대화거리가 떨어져 금방 할 말이 없어진다. 나와 수준이 다른데, 억지로 만남을 유지하는 사람들도 이와 같다. 그 사람들에게 우리는 그저 '아는 사람' 그 이상 이하도 아닌 것. 그렇기에 그런 인맥관리를 하는데 돈을 쓸 바에야, 차라리 나에게 자기계발비로 사용하고 내가 비슷한 수준으로 올라가면 된다.

10
당신의 인생이
술술 풀리고 있다는 명확한 증거

❶ 인간관계에서 예기치 못한 큰 문제가 생긴다.

❷ 잘 진행되고 있던 일이 암초를 만나 빠그라진다.

❸ 나를 뒤에서 흉보고 시기하는 사람들이 점점 많아진다.

❹ 견디기 힘든 상황과 일들이 연속적으로 일어난다.

'장난치는 건가?'라고 할 수도 있겠지만 이건 분명한 사실이다. 달이 차면 기우는 것처럼, 인생도 마찬가지다. 살다보면 그런 순간들을 많이 겪어봤을 것이다. 좋은 일이 연속되다가 한 순간 빠그라지는 경우라든가, 칠흑 같은 어둠처럼 희망이 보이지 않았을 때 누군가의 도움으로 이전보다 더 좋은 결과를 얻는 경우. 인간관계에서 그 어떤 문제도 생기지 않다가 한 순간에 갑자기 영문도 모른 채 소중한 사람과 연락이 끊기는 경우도 있고, 오랜 기간 연락이 안 되던 친한 친구에게 갑자기 연락이 와 지난 오해를 풀고 더 돈독해지는 경우도 있다. 이처럼 인생이란 항상 좋을 순 없다. 좋은 일이 있으면 나쁜 일도 있기 마련이고, 또 나쁜 일이 있으면 좋은 일도 있기 마련이다. 그렇기에 어렵고 내가 견디기 벅찬 일들이 계속해서 일어난다면, 좌절하고 아파하기보다 '아, 이제 내 인생에 빛이 찾아오는구나.'라고 생각하면 된다. 지금 찾아오는 좌절이 우리를 더 나은 삶으로 이끄는 원동력이 될 테니 결코 지금 찾아오는 문제들에 굴복하지 말자. 우리는 충분히 이겨낼 수 있고 더 나은 삶을 살 자격이 있다.

11
인생 조언 5가지

❶ 영원한 친구도 영원한 적도 없다.

　평생 갈 거라 믿어 의심치 않았던 친구가 한 순간에 남남이
되고, 절대 다시 가까워지지 않을 거라 생각했던 사람과 우연
한 계기로 다시 가까워지기도 한다. 인생이란 그렇다. 영원한
친구도 영원한 적도 없다. 그렇기에 어떤 관계든 물 흐르듯 자
연스레 지내자. 상대에게 기대하지 말고, 또 의지하지 말자.
친했던 누군가와 멀어졌다고 해서 인생이 끝난 건 아니다. 인
연은 어떻게든 연결된다. 그러니 관계에 있어 너무 집착하지
말고, 여유를 갖자. 그래야 우리가 행복해질 수 있다.

❷ 아니에요보다 감사해요라고 답하자.

칭찬을 받을 때 '아니에요.'라고 하는 건 상대방의 호의를 무시하는 행위다. '나는 당신과 친해지고 싶습니다.'라는 상대방의 정중한 인사를 '싫어요.'라고 대답하는 것과 같다. 이럴 땐 우선, '그렇게 생각해주셔서 감사합니다.'라고 상대방의 호의를 감사하게 받자. 그 후에 상대방의 장점을 찾아주면 된다. '그렇게 생각해주셔서 감사합니다. 마인드셋님도 너무 멋지신데요?' 같이 화답하면 된다.

❸ 잘못했다면 반드시 사과해라. 알량한 자존심만큼 무서운 것도 없다.

잘못했다면 어떤 상황이든 반드시 최대한 일찍 사과해라. 몇 십 년 지기 친구도 사소한 갈등 하나로 엄청 크게 싸우고 하루아침에 멀어지기도 한다. 이 때 문제는 잘못한 사람이 이렇게 생각하는 것이다. '에이, 이런 사소한 잘못 하나 이해 못 해줘?' 하지만 잘못은 어떤 경우든 잘못이다. 알량한 자존심을 내세우며 어떻게든 사과하지 않고 버틴다면 결국 그 관계는 당연히 무너질 수밖에 없다. 가볍든 가볍지 않든 잘못을 했다면 반드시 사과해라.

❹ 소중한 사람들의 기념일은 반드시 챙겨줘라.

나에게 소중한 사람들의 기념일은 반드시 챙겨줘라. 1년에 1번, 공식적으로 부담 되지 않는 선에서 그 사람에게 마음을 선물할 수 있는 가장 좋은 기회다. '아, 이 친구가 계속 나를 소중하게 생각해주는구나.'라고 느낄 수 있게 기념일을 기억하고 축하해주자.

❺ 상대의 비밀을 들었다면 무덤 끝까지 간직해라.

비밀을 말하는 사람도 문제지만, 결국 그 비밀을 들은 사람이 옮기는 것도 문제다. 절대 말하지 말라고 신신당부했음에도, 입이 간지러워 다른 상대에게도 '절대 말하지 마. 절대! 약속하면 알려줄게.'라고 하는 케이스다. 하지만 상대의 비밀을 만약에 들었다면, 반드시 죽을 때까지 간직하라. 그런 단호하고 심지 굳은 케이스는 상대로 하여금 엄청난 신뢰를 불러일으킨다.

5장

처세

감정적일 수록 후회가 짙다.
생각을 충분히 정리한 후 이성적인 대화를 해 나가라.

1

호감 200% 높이는 대화 기술 3가지

❶ 내 실수를 대놓고 말해주는 사람을 존중해줘라.

　대화를 하며, 내 실수를 대놓고 말하는 사람들이 있다. '너 그거 잘못 된 거야.', '너 그렇게 하면 안 돼.' 무조건적인 비판이 아니라, 나를 생각해서 하는 애정 어린 조언이지만, 사실 좋은 방법이라고 보긴 어렵다. 더욱이 많은 사람들이 있는데 그런 말을 들으면 기분이 좋지 않고, 상대방에 대한 반감을 갖게 되기도 한다. '그냥 둘이 있을 때 말하면 될 걸. 왜 굳이 문제를 크게 만들지?' 라는 생각이 든다. 하지만, 이런 상황일수록 그런 감정은 뒤로 보내고, 그 사람을 존중하고 칭찬해줄 필요가 있다. '고마워. 나도 잘 인지하지 못하고 있었던 부분인데, 이렇게 말해주니까 참 좋다.', '감사합니다. 그 부분은 제가 한 번 더 고려해보겠습니다. 이렇게 예리하게 발견해주시니

저에게도 정말 큰 도움이 됩니다.' 라며 상대에 대한 반감을 존중의 감정으로 바꿔 표현하면 훨씬 더 좋다.

주변에 있는 사람들도 그 사람의 지적은 옳지만 표현 방식이 적당하지 못했다는 것을 이미 알고 있을 것이고, 그런 상황에도 불구하고 화를 내지 않고 오히려 그 사람을 존중해주고 칭찬해준 당신에게 큰 호감을 보일 것이다.

❷ 흥분한 상황일수록 의도적으로 목소리를 조절해라.

흥분한 상황일수록 말의 속도는 빨라지고 목소리톤은 높아진다. 그러다보면 충분히 생각하지 않고 말을 뱉게 되고, 그 말은 서로에게 씻지 못할 상처를 남기고 심할 경우, 정말 소중한 인연과도 한 순간에 돌아서게 될 수 있다.

대화에서 서로의 의견 충돌이 일어나는 경우는 지극히 자연스러운 경우다. 그렇기에 그런 상황에서 상대방의 목소리톤이 높아지거나 말의 속도가 빨라진다 싶으면, 당신이 의도적으로 목소리톤을 낮추고 말의 속도를 늦춰라. 상대방이 하는 말에 바로바로 대응할 필요가 없고, 5초 정도 아무 말 없이 가만히 있거나 생각을 하는 모습을 보여줘라. 생각 정리가 충분히 된 후 나오는 말은 당연히 이성적일 수밖에 없고, 자칫하면 큰 갈등으로 번질 수 있었던 대화도 다시금 이성적으로 돌아오게 된다.

❸ 의견이 다르더라도 상대방을 인정해줘라.

내가 알고 있는 것과 정반대의 얘기를 하면 곧바로 '그거 아닌데요.'라고 반박하고 싶은 충동이 든다. 하지만, 이런 태도는 사람을 쉽게 잃게 만든다. 설령 의견이 다르고 상대방이 잘못된 정보를 말한다 하더라도 처음부터 반박할 필요는 없다. '아, 그렇게 생각하시는군요. 되게 참신하게 느껴지네요.' '그렇게 생각하실 수도 있겠네요. 저는 인지하지 못한 관점입니다.'라며 상대방의 의견을 존중하고 띄워줘라. 그렇게 대화를 하다보면 상대방이 스스로 잘못된 점이나 이상한 점을 느낄 수도 있고, 또 틀린 게 아니라 다른 거라면 완고한 상대방이라도 내가 먼저 존중해주면 점차 부드러워지며, 내가 존중해준 것과 마찬가지로 나를 존중해준다. 그렇게 대화는 훨씬 더 생산적으로 진행될 수 있다.

2

내 정신건강을 위해
반드시 기억해야 하는 4가지 말

❶ 그냥 똥 밟았다 생각하자.

어떤 억울한 일을 당하거나, 야비하고 짜증나는 일을 당했다고 하더라도 그 일을 계속해서 파고들면 나만 손해다. 결국그 일의 승자는 아무도 없기 때문이다. 물론 반드시 해결해야되는 문제라면 당연히 해결하려고 최선을 다하고 노력하는 게맞지만, 그냥 넘어가도 별 문제 없고 괜찮은데 괜히 신경이 거슬리거나, 상대방에게 한 방 먹이고 싶어 칼을 갈고 있다면 그칼은 내려놓는 게 나의 정신건강에 훨씬 좋다. 어차피 상대방을 찌른다고 해도, 상대방도 나를 찌르게 되어있고 누가 덜 많이 찔렸냐, 더 많이 찔렸냐의 차이지 서로가 상처투성이가 되는 건 매한가지기 때문이다. 그냥 그런 상황에서는 반드시 복수를 하기보다는 '그냥 너는 인생 그렇게 살아라.'라고 생각한 뒤, 내 인생을 더 열심히 사는데 온 정신을 집중하는 게 훨씬 더 생산적이다.

❷ '반드시'라는 건 없다.

모든 질문에 답하지 않아도 된다. 상대방의 부탁을 반드시 들어줄 필요도 없다. 무례한 사람의 성의 없는 사과에 애써 용서해줄 이유도 없다. 내 정신건강을 위해서 반드시 기억해야 할 사실이다. '꼭'과 '반드시'를 버리면 훨씬 더 삶의 질이 올라간다.

❸ 요령껏 거짓말 하자.

거짓말을 권하는 건 아니지만, '선의의 거짓말'은 반드시 필요하다. 정말 솔직하게 상대방에게 다 말하면 세상에 평화는 사라진다. 가끔은 별로라도 괜찮다고 해주고, 아니더라도 맞다고 해주자. 솔직하게 만들어서 괜히 분란이나 문제를 일으키면 오히려 훨씬 더 난감한 상황이 온다. 적당히 눈치껏 거짓말하고 효율적으로 살면서 내 정신건강을 지키자.

❹ 무엇보다 내가 우선이다

사회생활하면서 반드시 남에게 맞춰줘야 되는 경우를 제외하고는 자기를 중심으로 생각하고 말할 필요가 있다. 모든 초점을 상대방이 아닌 나에게 맞추고 행동하자. 내 정신건강을 위해서 반드시 필요한 태도다. 누군가는 계산적이라고 생각할 수도 있지만 이 모든 건 상대에 따라 달라진다. 나를 배려하고 아끼는 사람에게 이런 태도를 가지라는 게 아니다. 내 정신건강을 위협하는 사람, 내 자존감을 깎아내리려는 사람, 내 삶을 마음대로 평가하는 사람들에게 냉정하고 계산적인 태도를 가지라는 것이다. 나를 가장 잘 지킬 수 있는 건 바로 나 자신임을 기억하자. 나로서 온전히 살아갈 수 있을 때 비로소 건강한 삶을 살아가게 된다.

3

내면이 건강한 사람들의 4가지 특징

❶ 끊임없이 배우려 한다.

내면이 건강한 사람들은 무엇보다 자기 자신을 사랑하기 때문에 발전적인 삶을 살기 위해 노력한다. 뿐만 아니라 새로운 경험을 하는 걸 두려워하지 않고 발전지향적인 태도를 갖고 있다. 그런 경험들이 분명 자기 자신에게 도움이 된다는 것을 너무나도 잘 알고 있기 때문이다.

이들은 나이 핑계를 대거나, 재능 핑계를 대지 않는다. '내가 그걸 하기에는 나이가…', '그거… 잘 난 사람들만 잘 되는 거잖아. 난 안 돼.' 라며 자신의 가능성을 스스로 닫지 않지 않는다. 이들에게 나이나 재능은 큰 방해요소가 아니다. 그 경험을 통해 자신이 무엇을 얻을 수 있을지, 어떤 경험을 할 수 있을지가 가장 중요한 요소이기 때문이다. 이렇게 다양한 것들을 하면서 그들은 무엇보다 단단한 자존감을 쌓아가고 스스로에 대한 확신을 더해간다.

❷ 객관화가 가능하고 다양성을 존중한다.

　　내면이 건강하지 않은 사람들은 객관화가 잘 되지 않고, 다양성을 존중하지 않는다. 이들은 자신이 갖고 있는 인생관만 진리라고 생각하고, 나와 생각이 다르고 가치관이 다른 상대방을 깎아내리거나 흠집을 낸다. 그래야 본인이 옳다는 당위성을 입증할 수 있기 때문이다. 하지만 그런 태도는 결국 스스로를 좀 먹고 많은 기회들과 인연들을 떠나보내게 만들뿐이다. 반면 내면이 건강한 사람들은 본인을 객관적으로 볼 줄 안다. 스스로가 어떤 사람인지, 그리고 어떤 점이 부족하고 어떤 점이 강점인지 정확하게 알고 있다. 뿐만 아니라 다양성을 존중하기에 스스로가 다룰 수 있는 경험의 스펙트럼을 끊임없이 넓힐 수 있다.

❸ 감정 컨트롤을 잘 한다.

　내면이 건강하지 못한 사람들은 열등감이 크고 자존감이 낮다. 그렇기에 상대방의 비난과 멸시에 쉽게 상처받고 크게 반응한다. '너가 감히 날 무시해?'라는 심리가 있기 때문이다. 반면 내면이 강한 사람들은 비난과 멸시에 결코 감정적으로 대응하지 않는다. 감정적으로 대응하면 본인만 손해라는 걸 잘 알고 있다. 욕을 하고 삿대질을 하기 보다는 그 상황과 본인이 거기서 느낀 바를 이성적으로 전달한다.

❹ 스스로가 무엇을 좋아하고 잘하는지 알고 있다.

　내면이 건강한 사람들은 귀가 얇지 않다. 상대방의 의견을 존중하지만 그 의견이 본인의 삶을 좌지우지하게 놔두지는 않는다. 그들은 다양한 경험을 하며 스스로의 강점과 약점을 확실히 알고 있다. 그렇기에 누군가의 의견에 휘둘리지 않고, 본인이 옳다고 생각하는 신념을 지킨다.

내면이 건강한 사람들도 처음부터 건강하지는 않았을 것이다. 많이 부딪히고 깨지며 본인을 찾기 위해 고생했을 거고. 그러나 그런 다양한 경험을 하면서 본인만의 대체할 수 없는 장점을 알게 됐을 것이다. 그렇기에 그 어느 것에도 흔들리지 않는 건강한 내면을 갖추게 됐을 것이다. 다양한 경험을 해보고, 실패를 두려워말고 어떻게든 부딪히며 많은 과정들을 만들어냈으면 좋겠다. 그 과정들이 바로 우리를 성장시키고 그 누구와도 비교하지 않는 단단한 자존감을 형성해줄 것이다.

4
거절 못하는 습관 고치는 가장 좋은 방법

상대방의 부탁을 거절하지 못해 힘들어하는 사람들이 많다. 부탁을 들어주지 않으면 그 사람에게 괜히 미안하고, 또 내가 피해를 주는 거 같다라는 생각에 무리한 부탁임에도 불구하고 다 들어주고 혼자 힘들어하는 경우. 하지만 거절을 못 하는 사람들은 그 이유가 명확하다. 굉장히 이타적인 사람이라서 그렇다. 그들은 자신이 이걸 상대방에게 해줌으로써, 그 사람에게 도움이 되고, 또 그 도움으로 인해 상대방이 행복하게 될 거라 생각해 거절을 못 하는 것이다. 이런 사람들은, 내가 거절했을 때 상대방이 실망하지 않게, 그 감정을 본인이 해결해주려고 한다. 하지만, 사실 그 사람의 인생은 그 사람이 해결하고 살아야 될 문제인 것이다. 내가 해줄 수 없는 일, 힘든 일도 있는 거지라며 체념할 줄도 알아야 한다. 남의 부탁을 다 들어주는 사람들은 책임감이 투철하며 누군가가 자신을 필요로 한다면 자신의 시간과 노력을 희생해서라도 그 사람을 도와주려 한다. 하지만, 그런 호의는 나중에 스스로를 옥죄고 '착한 사람 콤플렉스'에 빠지게 만들기도 한다. 그렇기에 '내가 반드시 도와 줄 거야.'보다는 '내가 도움이 되면 좋겠지만, 결국 스스로가 이겨내야 될 문제겠지.'라며 상대방에 대한 과도한 책임감을 한 스푼 덜어내는 태도가 중요하다. 이 책임감을 덜어놓았을 때 상대방도 우리에 대한 과도한 기대를 내려놓을 것이고, 그렇게 서로가 부담이 되지 않게, 어느 정도 거리를 둘 때 오히려 관계가 더 원만해질 수 있다. 상대방의 모든 고민과 부탁을 들어줄 필요도, 해결해줄 필요도 없다. 남을 위한 책임감을 덜어내서 나를 위해 쓰자. 조금 더 '나'다운 인생을 살기 위해 정중하되 단호히 거절하자. 무엇보다 세상에서 가장 소중한 존재는 다름 아닌 나 자신이니까.

5
잘 배운 사람이 못 배운 사람과
인생격차를 벌리는 태도

❶ 더 많이 쓰고 더 많이 베푼다.

누군가를 만날 때 정신적이든 물질적이든 상대방보다 더 많이 쓰고, 더 많이 베푼다. 잘 벌든 못 벌든 기본적으로 이런 사람들은 상대방에게 더 주는 게 익숙하다. 철저히 계산적으로 행동하거나 상대방에게 더 받으려고 머리 굴리지 않고, 자신이 줄 수 있는 선에서는 최대한 많이 베푼다. 단기적으로는 손해로 보일 수 있지만, 그 사람이 오랫동안 지켜왔던 그런 태도들이 그 사람의 이미지를 만들고, 결국 그 사람을 더 높은 곳으로 가게 만들어준다.

❷ 잘못은 인정하고, 합리적인 비판은 겸허히 수용한다.

자신이 잘못한 부분은 인정하고, 합리적인 비판은 겸허히 수용한다. 그게 자신이 더 성장할 수 있는 길이라는 걸 너무나도 잘 알고 있기 때문이다. 그래서 이런 사람 주변에는 좋은 사람들이 많다. 옆에 있으면 자신도 좋은 영향을 받고 성장할 수 있다는 걸 알고, 또 어떻게든 도와주고 싶은 매력이 있는 사람이기 때문이다. 잘못을 인정하는 건 쉽지 않다. 합리적인 비판이라 하더라도 비판을 수용하는 것은 어려운 일이다. 이런 것들을 겸허히 받아들인다는 자체가, 높은 자존감과 건강한 정신 상태를 함양하고 있다는 방증이다.

❸ '그게 되겠어?'보다
'한 번 해보자!'의 마인드가 기본 장착되어있다.

잘 배운 사람들은 자신을 신뢰한다. 근거 없는 자신감이 아니라, 많은 도전과 경험으로 쌓인 성취감이 있기에 그 어떤 것이든 해볼만하다라는 근거 있는 자신감을 갖고 있다. 그렇기에 새로운 도전이나 경험에 대해 거부감을 갖거나 비관적으로 생각하지 않고 해결할 방법을 찾는다. 실패라는 결과를 두려워하기보다, 그 과정에서 자신이 배우고 성장할 생각에 초점을 맞추고 있기에 이런 사람들은 반드시 더 잘 될 수밖에 없다.

6

운명을 바꾸는 5가지 처세

❶ 위기에 대처하는 태도가 중요하다.

웃는 모습만 봐서는 상대를 알 수 없다. 힘들고 어려운 상황일수록 그 사람의 본모습을 보기 쉽다. 위기가 왔다고 해서 흥분하거나 당황하기보다, 최대한 침착함과 평온함을 유지하려 노력해라.

❷ 욕심을 내려놓을수록 걱정은 사라진다.

잘못된 행동을 하고 무모한 도전을 하는 건 스스로의 욕심에서부터 시작된다. 그리고 그런 당신의 태도를 사람들은 분명 알아챌 것이다. 분수에 맞지 않는 지나친 욕심은 패망의 지름길이다.

❸ 완벽하기보다 결함을 줄이는 것에 집중해라.

너무 잘하려고 애쓰다 보면 효율이 떨어지고 더 나은 기회를 놓칠 수 있다. 완벽함에 집착하면 부담이 커져 실수하기도 쉽다. 완벽하기 위해 시간을 쏟기보다 완벽하지 않더라도 일단 시작해라. 하면서 개선해나가는 게 훨씬 더 효율적이다.

❹ 순간의 이득을 위해 자기 이미지를 깎지 마라.

양치기소년을 기억하라. 평판을 잃고 신뢰를 잃으면 아무리 노력하고 실력이 있어도 사람들이 알아주지 않고 무시당할 수밖에 없다. 소탐대실을 항상 경계하고 사람들에게 신뢰감을 주기 위해 최선을 다하며, 솔직하게 살자.

❺ 어느 상황에서도 남을 험담하지 마라.

뒤에서 얘기하고 함부로 비난하는 것만큼 백해무익한 것은 없다. 말은 돌고 돌아 결국 뒷담화한 당사자에게 닿는다. 수많은 사람들이 이것을 지키지 못해 인간관계를 망친다.

결국 '욕심'을 가장 조심해야 할 필요가 있다. 남들이 나를 더 알아줬으면 하는 욕심이 뒷담화로 이어지고, 순간의 이득을 보고 싶어 하는 욕심이 결국 자신의 평판을 잃게 하며, 지나친 욕심이 무모한 행동으로 이어지게 된다. 이런 욕심과 기대만 줄인다면 우리의 인생은 지금보다 훨씬 더 행복하고 충만해질 것이다.

7
상대방의 마음을 얻는
구체적 칭찬법 4가지

영혼 없는 칭찬은 하느니만 못하다. 예를 들어 살이 많이 찐 친구에게, '야 너 살 빠졌다'라고 한다거나, 성적이 많이 떨어져 힘들어하는 친구에게 '괜찮아. 잘 쳤네.'라고 하는 경우. 상대방이 자신이 살이 쪘고, 성적이 많이 떨어졌다는 걸 인지하는 상태에서 이런 영혼 없는 칭찬은 되려 역효과만 불러일으킬 뿐이다. 이 때 상대방의 마음을 얻을 수 있는 구체적인 칭찬법 4가지를 알아보자.

❶ 칭찬도 눈치를 보면서 해라.

무조건적인 칭찬을 남발하기보다는, 칭찬할 상황인지 아닌지를 판단해라. 위의 사례와 같이 상대방이 칭찬보다 위로가 필요한 상황이라면 칭찬을 억지로 하기보다는 말없이 옆에 있어주거나 진심어린 위로가 필요할 것이다. 칭찬도 타이밍이 제일 중요하다. 그러니 상대방의 마음을 얻기 위해서는 반드시 먼저 상대방이 어떤 상태인지 살펴라.

❷ 특징을 잡아 칭찬해라.

단순히 '잘 생겼어요.' '예뻐요.' '대단하세요.' 같은 것이 아니라, 구체적으로 칭찬할 필요가 있다. 이를테면, '오늘 패션 되게 오늘 날씨랑 잘 어울리시는데요? 소화하기 힘든 옷인 거 같아 보이는데 완전 찰떡이시네요.'라거나, '최근에 이직하신 거 들었습니다. 쉽지 않은 결정이셨을 텐데 너무 대단하고 부럽습니다. 그런 용기를 낸다는 게 참 어렵잖아요. 많은 사람들에게 귀감이 되실 거 같아요.'라는 식으로 구체적으로 그 사람이 어떤 걸 잘 했는지 짚어줘라.

❸ 상대방이 듣고 싶어 하는 칭찬을 해라.

상대방이 듣고 싶어 하는 칭찬은 간단하다. 이를테면 그 날

화려한 패션을 하고 왔거나, 아니면 네일이 반짝반짝거리거나, 말 중간 중간 어떤 특정 단어를 자주 언급한다면 그 부분을 그대로 상대방에게 전해주면 된다. '패션 감각이 정말 뛰어나시네요.'라거나, '네일 진짜 예쁘신데 어디서 하셨나요?'라거나, '아, 그 상황에서 그런 대처를 하셨다고요? 진짜 대박이다.'라는 식으로 상대방이 듣고 싶어 할 거 같은 칭찬을 내가 먼저 해주면 된다.

❹ 부담스럽지 않게 해라.

과한 칭찬은 독이다. 특정 칭찬을 반복하는 행위, 예를 들면 '그런데 진짜 연예인 같다는 말 안 들어보셨어요?' '진짜 아니 장난 아니고.' '너무 예뻐서 그래요' 같은 경우에는 상대방이 큰 부담을 느끼게 될 수도 있다. 굳이 당신의 진심을 120% 내 보일 필요는 없다. 칭찬을 하려면 제대로 된 한 번이면 족하다.

8

대화를 잘 하는 사람들이
공통적으로 가진 5가지 특징

❶ 절대 같은 말을 반복하지 않는다.

대화를 하다보면 말을 잘 하는 사람들은 절대 같은 말을 반복하지 않는다. 예를 들어, 부자에 대한 말을 한다고 하더라도, 부자라는 단어를 반복하기보다는, 돈 많은 사람들, 경제적 자유를 이룬 사람들 등 다양한 방식으로 표현한다. 그러면 상대방은 훨씬 더 지루하지 않고 다채롭게 대화를 할 수 있게 된다. 항상 반복되는 단어를 최대한 줄일 필요가 있다..

예를 들면, 부지런하다라는 단어를 근면하다, 성실하다, 늦게 자도 새벽 6시에는 일어난다, 자신이 세운 목표는 어떤 일이 있어도 이룬다 같은 표현으로 바꿔서 다채롭게 표현하는 방식이다. 게임 같은 경우에도 마찬가지다. 잘 되는 게임들을 보면 업데이트가 빠르다. 퀘스트나 게임을 다 이해한 유저들이 지루함을 느끼기 전에 새로운 업데이트를 하고 계속해서 신선함을 제공하는 것이다. 대화도 마찬가지다. 대화를 잘 하는 사람들은 상대방을 절대 지루하게 하지 않는다.

❷ 많이 듣고 잘 반응한다.

대화를 잘 하는 사람들이 가진 공통적인 특징 중 하나는 리액션이다. 그들은 상대방의 말을 끝까지 듣고 리액션을 적극적으로 해준다. '진짜?' '그랬어?' '와, 그랬구나 난 몰랐어.' 라는 식으로 상대방의 흥을 돋구고, 또 그로 인해 상대방과 훨씬 더 즐거운 대화를 한다. 단언컨대 자신의 말을 잘 들어주고, 반응도 적극적으로 해주는 상대방을 싫어하는 사람은 없다. 즐거운 대화를 하기 위해서 굳이 말을 잘하거나, 화법을 공부할 필요는 없다. 그저 상대방의 대화를 귀 기울여 듣고, 상대방의 말에 적극적으로 반응해주자.

❸ 맥락을 잘 파악한다.

꼭 대화를 나누다 보면 핵심이 그게 아닌데, '응?' 하게 만드는 사람들이 있다. 이 사람들의 공통점은 결국 맥락을 파악하는 능력이 부족하다는 것이다. 이 맥락이란 여러 가지를 포함하고 있다. 같은 주제로 계속해서 대화를 나누다가, 이 주제가 조금 지루해지거나 루즈해졌다고 느껴질 때 다른 주제로 전환을 빠르게 하거나, 좀 아쉽다고 느껴질 때 그 주제에 대한 좀 더 솔직한 자신의 얘기를 하며 또 더 깊은 대화를 나눌 수 있게 만들거나. 대화를 잘 하는 사람들은 이런 식으로 대화 중간에 상대방의 반응을 계속해서 살피며 맥락을 확인한다. 그리고 그런 사소한 배려 덕분에 대화는 훨씬 더 즐겁고 서로에게 유익해진다.

❹ 배운 게 있으면 반드시 적용한다.

대화를 잘 하는 사람들의 공통점은 배운 것을 반드시 적용한다는 것이다. 자신이 대화를 하며 센스 있다고 느낀 상대방의 화법이나, 행동을 다음에는 적용한다. 그리고 자신이 대화를 하며 지루하고 재미없었다라고 느꼈다면, 그 행동이나 화법은 다른 사람을 만나서 자신은 결코 쓰지 않으려 한다. 직장에서 진짜 좋은 선배는 자신이 당했던 불합리한 행동이나 말을 절대 후배들에게는 하지 않는 선배들이다. 이처럼 대화에서 배운 나쁜 점은 버리고, 좋은 점만 가져가기에 이런 사람들은 당연히 대화를 잘 하게 될 수밖에 없다.

❺ 자기 성찰을 잘 한다.

자신의 부족함을 겸허히 인정하고 받아들인다. 예컨대 상대방이 대화에 있어 아쉬운 점을 말해준다면(말의 속도나 주제 선정 등)그것을 개방적으로 받아들이고 고치려 노력한다. 자아성찰은 자신의 행동이나 마음에 대한 반성과 살핌을 의미한다. 이는 자신의 생각과 감정을 알고 깊게 분석해 조절할 수 있는 능력이다. 많은 경험과 실수, 실패를 경험했기에 자신의 부족한 점을 알며 상대방을 인정하고 존중하며 더 나은 대화를 위해 계속해서 스스로를 점검한다.

남에게 퍼주지 않고
나를 위해 사는 4가지 방법

❶ 부탁을 못 들어줘도 괜찮다.

남에게 퍼주고 정작 자신의 몫은 챙기지 못하는 사람들은 항상 상대방에게 미안한 마음을 갖고 있다. 상대방이 어떤 부탁을 할 때, 그 부탁을 들어주지 못하면 미안하니까 자신의 시간과 정성을 내서라도, 할 수 없는 상황임에도 불구하고 억지로 그 부탁을 들어주는 것이다. 하지만 그 부탁을 들어준다고 하더라도 상대방은 그렇게 고마워하지 않는다. 내가 많은 걸 퍼주더라도 그걸 당연하게 생각하거나, 오히려 더 많은 걸 주지 않은 데 대한 섭섭함을 표시할 수도 있다. 남에게 퍼주는 인생을 살면 정작 나에게 남는 게 없다. 부탁을 들어주지 않아도 된다. 자신이 벅차고 힘들면, 굳이 스트레스 받으면서까지 퍼줄 필요가 없다.

❷ 기분 나쁘면 나쁘다고 티를 내야 한다.

남에게 이것저것 퍼주는 사람들은 자신의 기분을 표현하지 않는다. 상대방이 무례하고, 자신의 호의를 당연하게 생각하는데 대해 섭섭하고 기분이 나쁘더라도, 그냥 허허 웃고 넘긴다. 하지만 절대 그럴 필요가 없다. 격 없는 무례함에는 응당 불편함을 표출해야 하고, 선 넘는 행동에는 단호하게 대처해야 한다. 그게 상처 받지 않고 자신을 지킬 수 있는 가장 좋은 방법이다.

❸ 남이 아니라 나를 챙겨라.

남의 인생을 도와주고 그 인생이 잘 되도록 퍼 줘봤자, 결국 나에게 돌아오는 건 없다. 일을 그렇게 하면 경력이라도 쌓이고 경험이라도 쌓이지, 인간관계에서는 무용지물이다. 물론, 남을 챙기는 것도 어느 정도는 필요하다. 내가 먼저 다가가고 베풀어야, 좋은 사람들이 많이 오게 되니까. 하지만, 무엇보다 내가 우선이어야 한다. 상대방을 챙기더라도 내 중심은 확실해야 한다. 내가 상처받지 않는 선에서 퍼주고 도와줄 필요가 있다.

❹ 날 싫어하는 사람은 그대로 둬라.

상대방이 날 싫어할까봐 그 사람들에게 다 맞추고 무조건 퍼주는 사람들이 있다. 그런데 그런 사람들이 기억해야 하는 한 가지 진리가 있다. 나를 싫어하는 사람은 어떤 이유로든 싫어한다. '너무 친절해서 가식적이야.' '쟤 너무 다 맞춰줘서 별로야.' 어떻게든 꼬투리를 잡아 까 내리고 싫어할 이유를 만든다. 그런 사람들에게 다 퍼주고 맞춰주며 나를 잃을 필요는 없다. 날 싫어하는 사람을 내 편으로 만들기 위한 노력을 할 시간에 나를 좋아하고 있는 그대로의 나를 존중해주고 인정해주는 사람들과 좋은 시간을 보내라.

10

만만하지 않은 사람으로 보이는
3가지 방법

❶ 자신의 원칙을 확실히 정해라.

　마냥 물러터진 사람들은 상대방에게 무시당하고 만만하게 보이기 일쑤다. 원칙이 없는 사람들은 상대방에게 끌려 다니고, 그렇게 되면 상대방은 나의 호의나 희생을 당연하게 여긴다. 그렇게 많은 걸 해주고도 상대방에게 을이 되어버리는 슬픈 일이 벌어지기 전에, 내가 나의 원칙을 확실하게 정해야 한다. '이 정도까지 하면 확실하게 화를 내거나 단호하게 거절한다.'라는 기준을 세워놓고, 그 기준을 넘는 사람들에게는 '지금 선 넘었어'라는 말이나 행동을 정확하게 인지시켜줘야 한다. 처음에는 상대방이 불편해할 수도 있고 또 그런 확실한 태도에 서운해 할 수도 있지만 시간이 지나면 결국 당신의 진심을 인정하고 또 존중할 수밖에 없다.

❷ 자신의 성장과 발전에 무엇보다 집중하라.

자신의 일을 확실하게 하고, 자신의 인생을 계속해서 발전적으로 성장시켜나가는 사람을 절대 만만하게 볼 수는 없다. 관계에서도 마찬가지다. 발전을 하지 않고, 똑같은 사람들을 만나다보면 결국 서로가 서로를 무시하게 된다. '쟤는 이것밖에 못 하면서 자기의 가치를 왜 저렇게 고평가하지?' 라고 생각하며 반감을 갖게 되는 것이다. 뿐만 아니라, 연애에서도 마찬가지다. 이성으로 가장 매력적인 사람은 바로 일과 삶의 균형이 맞는 사람들이다. 이 균형이 맞지 않는 사람들은 자신의 성장과 발전에 집중하기보다 상대방에게 모든 걸 의존하려 하는 경향이 있다. 이러면 이럴수록 상대방은 당신을 편하게 생각하고 만만하게 생각한다. 자신이 쉽게 컨트롤할 수 있는 사람이라 여기기 때문이다. 무엇보다 남이 아닌 나의 성장과 발전에 집중하자.

❸ 다른 사람의 생각에 휘둘리지 말자.

예전에는 항상 머리를 짧게 자르고 다녔다. 나는 머리를 기르고 싶었음에도 불구하고, 사람들이 '너는 긴 머리가 안 어울려.'라고 얘기했기 때문이다. 그런 말을 몇 번 듣다보니, 머리를 기르고 싶어도 '아, 난 긴 머리 안 어울리겠지.'라는 생각에 결코 시도조차 못하게 됐다. 하지만 우연한 계기로 머리를 기르기 시작했고, 지금은 남들이 뭐라 하든 전혀 개의치 않고 머리를 기르고 있다. 그렇게 타인의 생각에 휘둘리지 않고 온전히 내 생각으로 무언가를 결정하니 훨씬 더 기분이 좋았다. 타인이 하고 싶었던 게 아니라 내가 하고 싶었던 걸 하는 거니까. 다른 사람들의 가치관이나 생각에 쉽게 휘둘릴 필요는 전혀 없다. 그렇게 휘둘리면 도리어 상대방은 당신을 충분히 자신의 손아귀 안에서 컨트롤할 수 있는 사람이라는 확신을 갖게되고, 그 확신은 가스라이팅으로 이어지기도 한다. 그러니 타인의 생각에 휘둘리지 말고 참고만 하되 결정은 자신이 하자. 건강한 가치관으로 스스로가 원하는 선택을 하면 최선의 결과를 얻을 수 있을 것이다.

잘 살아라 그게 최고의 복수다

ⓒ권민창. 2022

초판 1쇄 발행 2022년 1월 21일
초판 44쇄 발행 2023년 11월 24일

지은이　┃권민창

편집인　┃권민창
책임편집　┃권민창
디자인　┃신하영, 이현중
책임마케팅　┃윤호현, 김민지, 정호윤
마케팅　┃유인철
제작　┃제이오
출판총괄　┃이기웅
경영지원　┃박상박, 박혜정, 최성민

펴낸곳　┃(주)바이포엠 스튜디오
펴낸이　┃유귀선
출판등록　┃제2020-000145호(2020년 6월 10일)
주소　┃서울시 강남구 테헤란로 332, 에이치제이타워 20층
이메일　┃mindset@by4m.co.kr

ISBN 979-11-91043-63-1 (03190)

마인드셋은 ㈜바이포엠 스튜디오의 출판브랜드입니다.